出路

任启发 著

人民东方出版传媒
東方出版社

目录

第二 客户篇

第三 流程篇

序一　王有川其人，新想象其事

第一次见到上海新想象实业有限公司王有川董事长，我的第一印象就是帅。我想，做服装生意的老板就是不一样。聊后才知道，他以前是一名非常成功的营销策划人，进入服装行业是因为他的太太蒋永青。

蒋永青是在2000年时做服装代理起家的，那还是商品比较匮乏的年代，凭着她对客户需求的敏感，以及为人善良和勤勉，她的服装生意风生水起。代理生意做大以后，蒋永青就有了做品牌服装的念头。“当时的想法非常简单，我们会卖衣服，找个会做衣服的一起做品牌就好了。”于是蒋永青找了一家服装生产企业合作，在北京注册了一个女装品牌——片断。

不过做贸易同做品牌是完全不同的两件事。从设计，到生产，到供应链，到销售，问题一大堆。2010年，片断已经到了经营不下去的地步，这时，咨询顾问出身的王有川一脚踏了进来。

当时片断的经营模式非常传统，在各个地方找省级代理，由代理发展区域经销商。一年两次订货会，以定价三五折的价格出货，省代加上 10% 的毛利，最后以定价四五折的价格再给下面的经销商。一年不到 4000 万元的产值，七八十家店铺。公司毛利低，运营无效率，谈不上什么管理，是一个非常典型的民营小企业，根本挣不到钱。之所以还能撑下去，是因为蒋永青拿服装代理业务赚的钱给片断输血。

是不是应该将赔钱的片断关掉，专注在服装代理业务上呢？王有川却做出了不同的判断。他觉得电子商务的号角已经吹响，随之而来的一定是销售链条的缩短，去中间化已是大势所趋，代理商没有前途。要想活得长久，必须做品牌。他跟太太说：“我没听说过这个世界上有谁当保姆成为伟人的。咱省代的生意再大，也就是一个大保姆。片断是咱自己的孩子，长得不好，咱们好好培养他，让他上大学就行了。”

于是没有做过一天服装生意的王有川跳进了片断，当起了这个品牌的奶爸。不懂服装，但是会算账的王有川，进入片断后的第一个动作就是砍掉省代，直接面对几十家零售商。这样做的好处是：原来省代的毛利可以让出来，品牌的出货价提高，毛利增加，而零售商的进货成本也能降下来几个点。

不过这事情说起来容易，做起来难。原来的省代都是亲戚朋友，直接动了他们的利益，搞得大家很不开心。此外，原来只要服务好几个省代，现在要直接面对几十个零售商，管理和支持的工作都会大大增加。本来公司就没钱，管理费用还要增加，公司里没人支持也没人相信这事情靠谱。但王有川非常坚持。

王有川的第二个动作是砍掉工厂。他是搞营销出身，太太是贸易起家，管理工厂不是他们的强项。与其把精力耗费在这样一件不产生效益的事情上，不如将所有的注意力都聚焦到如何开店、如何寻找优质客户，这是他们擅长的。

当然，砍掉工厂也不是一件容易事。辞退员工、把工厂半卖半送地处理给别人已经让人心烦意乱，更麻烦的是，对外加工该如何管理和协调他们也同样不懂。不懂就会让人特别被动，供应链的人天天来找，品质问题、面料问题、做工问题，没完没了。公司里的人也不理解，但王有川照样扛了下来。

王有川的第三个动作是去库存。把仓库里的成衣库存，连同一时用不上的布料统统清仓处理，回笼资金。就是靠着这“三板斧”，王有川稳住了阵脚，腾挪出空间，把片断慢慢地带入正轨。之后，片断的零售店以每年 100 家的速度增长。今天的片断已经是上海新想象实业有限公司里的核心资产。

实际上企业能成事，是因为人和事的相互作用。从我们做的案例进行中，会得出一个结论：斯人也，斯成也；斯人也，斯事也！

回到十几年前，那是一个供给不足、需求旺盛的年代。很多服装品牌就是在那一段时间集中发展起来的。他们的模式今天看来非常地简单粗暴，那就是集中资源打造品牌。知名度一上来，代理商、加盟商蜂拥而至。网点迅速铺到全国，剩下的事情就简单了。每年开几次订货会，一年的销售基本搞定。我知道有一个福建的老板，兜里只有几百万的时候，就敢全拿出来请明星代言，在央视上打广告，一战成名。以至于镇子里乡亲都跟着学，于是一个镇子真就出了好几个知名品牌。

考虑到那时的服装品牌商根基都不雄厚，老板多是裁缝出身，管理能力也谈不上。面对一个地域广大、需求旺盛的市场，以代理加盟的方式快速扩张是当时最佳的选择。代理商可以解决区域经销商发展、管理、服务以及批量订货的资金问题，其作用无可替代。很多大代理商也都是家族成员，朋友亲戚齐上阵，这就叫“肥水不流外人田”。蒋永青当年就是女装品牌“秋水伊人”的大代理商。在快速发展的年代，掌管的经销店铺有 1100 家之多。

然而这个模式持续 10 年之后，中国服装市场就迅速从供不应求过渡到了供大于求的激烈竞争的状态。大众的需求也开始慢慢变化。用王有川的话讲就是，消费者开始更加重视精神方面的需求。买衣服也不是找到什么买什么，个性化、品质化的要求也开始强烈。

这时传统代理制的弊端开始呈现。销售链条长，终端价格高，品牌商离终端客户远。一年几次订货会，产品能不能卖全靠代理商的能力。卖得好的衣服补不上货，卖不掉的就积压下来。终端店铺越多，包袱越重。这种粗放的经营模式，无以为继，而电商的崛起，则给了本来已经岌岌可危的大厦重重一击。

片断的起步是在上一波服装风口的尾巴上，市场的拉动力已经远远不如从前，而它的运作方式依然因循过去的老路。这使得它根本无法在竞争中生存，因为它跟已经有些根基的品牌玩的是同样的游戏，大树底下怎么能长出另一棵大树呢？而王有川的加入恰恰改变了这一状况，他是一个没有做过服装的圈外人，没那么多想法，没那些包袱，无知者无畏。再就是，片断公司快死掉了，死马当活马医。他冲进来，带着他的背景，以及对整个事情的认识，看到了大势所趋。于是缩短销售链条，加强供应链管理以提升运营效率，清晰定位产品，注重客户体验，提升销售。这才有了他砍省代、砍工厂等一系列举措，同样的游戏他换了一个玩法，这造就了片断销售额五年十倍的增长。

如果我们看今天的新想象，其实它离人们心目中的新零售还很远。三网合一也好，完美的后台管控体系也好，孵化平台也好，都还在王有川的想象和尝试中，更重要的是新想象的生意才几个亿的规模，但他们想到的和做到的好像跟更成熟的服装企业没有太大的差异。如果只是把注意力放在今天这个时点，新想象的实践确实不具备太多的参考价值。

如果把视角拉到一个更长的时间维度来看，从蒋永青开始的服装代理生意到今天的新想象，中间经历了起起伏伏，从他们的成功失败中，可以看到一些行业发展更本质的东西。因为在新技术、新概念层出不穷的时代，只有回到原点去思考问题，才不会被外物牵引而随波逐流，迷失自己。

从前面的故事中，至少可以得到两点启示：

一是，随着时势的变化，经营者必须突破固有的思维模式，给企业注入新的成长动力。当然，打破自我的惯性是非常困难的。直到今天，我仍然能够看到不少服装企业还在旧的代理模式中挣扎。以往越是成功，转变越是艰难。没有向死而生的勇气和信念，是走不出一条新路来的。在新想象的案例中，王有川的加入是关键。他没有服装行业以往的框框，带入新的视角和想象奋力一搏，把一个濒临倒闭的片断，带到了今天的新想象。

二是，零售经营从本质上讲，经营的是产品、服务与客户的关系。综合来说就是一个“客户体验”。这里面包含了产品的品质、价格、交易方式等等很多方面。电商的崛起就是在交易方式上对传统零售的创新，但这也只是客户体验中的一个面向。不同的企业，在不同的时点，在经营上完全可以变化出不同的策略。片断在 2010 年没有冲入电商，也没有享受电商的红利，但依然可以靠着相对传统的线下模式快速发展。

明白了这一点，在面向未来思考所谓的新零售时，就可以在移动互联网这个新的背景下，从客户体验的原点出发，根据企业自身的状况，思考如何更加有效率地去满足客户未被满足的需求。每一个企业的基因不同，发展路径也不同，不要想着找到一个完美的新零售模式拿来套用。经营者只有投入当下，随需而变才能解脱。

对于未来，王有川有很多想象。仅仅成就一个服装品牌不是他的理想。他认为在这样一个人人追求个性化的时代，已经没有机会再让他把一个服装品牌带向百亿元的规模。他要做的是用片断这样一个实体业务，不断打磨后台的供应链以及支撑品牌发展的管理系统。然后，用这样的后台能力孵化出更多的创业项目，比如近期他们做的转型实验室就是一个很有前途的项目。通过成就他人，来成就新想象的未来——百花园战略，而这部书中展现出来的东西，是斯人也，斯成也。

在某种程度上来说，过去起来的那些中小企业家的成功是因为有一个大势。那时候什么都缺，企业家对市场的需求有感知，有胆量，冲进来做就成了。那时候也不需要懂太多的管理、流程、系统。但现在已经是供给超过需求的时代，要求你必须精细，完全凭着感觉就掌握不住了。

回到新想象的案例，过去服装市场的格局，省代绝对有它生存的理由，无论从垫资，还是店面管理都有它的价值和作用。随着时间的推移，尤其互联网的出现，省代的弊端出现了，因为层级太多，每个层级都会留有利润空间，层层加价，实际上品牌商面对的不是终端用户，而是代理商。代理商又不能完全代表终端用户的想法，这里面就出现一个巨大的差，这个差表现为库存。中国服装行业的库存率在35%，这个库存会在衣服价格上直接加上去，所以我们买的服装价格会是出厂价的几倍，而且有时候我们在国内买的东西会比国外的还要贵，就是因为供应链条拉得很长。

在20年前，代理商有很好的价值。当新技术来临，供需发生了变化，品牌商没办法去接触终端，慢慢地代理商才变成障碍。因为原来的结构很强，库存的问题永远解决不了，企业发展的所有能力都是配合这种结构，但要把这个结构打破就要有新的能力注入。这是一个非常痛苦的过程，对于今天还没到死的状态的服装企业，尤其是已经做到了一定的规模，如果像王有川那样大刀阔斧地砍掉省代，只要一动生意可能就完蛋了。

有的时候结构强于人。所有的结构都是理性的逻辑，企业领导者并不是看不到未来，真正的创新都是在原来的体系外，在体系内部弄就会塌掉。过去做得越强的企业，现在变革越困难。砍省代这个选择，跟他从外行进来，跟企业当时的状态，是密切相关的。这是一个不简单的举措，厉害的是，他做成了。

企业应该在更好的时候，比较好的状态下，赶紧问将来是什么。对未来的变化有一种感知，并且还得行动快。那时资源非常丰富，还没有从巅峰跌下来；或者是看到瓶颈，看到将要发生的变化，就要去思考怎么改变。企业发展是一个S曲线，但在最高点就要想将来是什么。今天的每个人都知道链条必须缩短，这个问题已经不是问题。问题是你有没有这个能量，有没有这个能力改变现在的结构。那些高端的，被逼死的人看不到吗？他们所有的选择都是理性的，应该做技术含量更高、毛利更高的东西，低端的东西不应该做。一退再退，最后的结果就是被原来看不上的竞争对手干掉。规模没有了，再往上走已经不是这个游戏了，在现在这个时点，有一定规模的公司都能算过账来，全看得到，但是被绑死在原来的结构里面，新的能力生不出是没有办法的。

这个时代的企业家是在一个贫瘠的市场环境下，凭借旺盛的生命力，仿佛一株草或者一棵树苗，从压在其上的石头侧面长出来。等出来之后才发现，所经历的每一刻都是有价值的，好像那个时刻发生的那些情况是应该的，是必须经历的，这就是生命。我现在对他们充满了敬意。

曹阳 《商业评论》出版人

序二　企业家的决策与践行

“因为看不清，所以认为都有可能；因为都有可能，所以不想错失机会；因为怕失去，所以都想做；因为都想做，所以背负了巨大的压力。”

“痛苦来自梦想与能力的差距。”

这是在企业家圈子里非常流行的两段话，我特意将它作为这篇序的开头。企业家为什么会有这么多的痛苦和压力，其实是缘于我们不知道如何决策，也不知道决策是否正确，自然也不敢坚定地执行!

决策困扰是怎么造成的？

第一，决策取决于目标的设定。这个目标从大的角度来讲涉及人生目标，创业往往起始于赚钱。但是，一旦以钱作为终极目标的话，这个时候，得失心就会变重。不敢进取，不愿冒适度的风险，不愿尝试新事物，不愿正视自己！同样，为了钱可以不择手段，所以很多企业家触犯了法律的底线。当今社会复杂的政商关系，相当多的企业投机心重，也可以从另外一面看得出来我们企业家对于自己的目标，也就是人生的终极目标，其实是分辨不清楚的。所有伟大的企业都是来自企业家对终极目标的清晰认知。有了这个清晰的目标，就决定了企业的战略布局！

你要做行业的标杆，还是做一个有价值的企业？是要做一个全球最大的公司，还是要做一个为客户创造价值的公司？如果我们简单的只是用“大”来作为一个目标的话，其实这也是不够清晰的。因为作为企业的目标选择来说，它的终极目标还是在于创造价值，这个价值的本身衡量度不是来自企业的利润，而是为客户，为这个社会，为人类的进步是否创造了价值，而利润则是价值创造给企业的回馈！

价值的衡量度决定了你的目标是不是足够“高”和“远”，也决定了企业能够做得多大。很多小公司做不大，它们总是在市场的边缘地带经营，这也决定了为客户创造的价值并不高，因此也造成了企业是否能够活得长久的问题。所以，大不大是一个表现形式，是不是创造价值才应该成为企业的目标，这才是衡量的标准！

第二，决策需要价值观的支撑。在企业之中，我们都追求营业额和利润额增长。钱可以赚，而以什么样的价值引导，这才是关键。

很多企业，在自己的墙上写着“诚信、负责、认真、创新”的标语，其实，这些都必须渗透到企业的血液里面。一个企业家是否具有信仰，愿不愿意和整个社会、行业、客户形成共赢，这才是衡量价值观的关键。所以，一个价值观狭小的企业家，他就不能成为一个成功的人，同样也不能吸引很好的人才。

做企业要做好三个陌生：①吸引“陌生人的钱”；②吸引“陌生的人才”；③寻找“陌生的客户”。只有三个陌生来支撑你，你的企业才会有发展。而能不能够吸引三个陌生，其实是取决于企业家的价值观。

公司成长的过程，是一个企业家不断修为的过程。所以，人品不好、道德价值观有问题的企业家只能做一个小企业，或者说靠小聪明活着。在现实生活中，我们经常会碰到要小聪明的人，这种人是没有办法做成大事业的。很多人一直在做熟人的生意，因为信誉的成本太高。一个企业做大，是不断需要陌生人的支持的，而这需要你的信誉，而信誉的关键还是来自价值观的支撑。

当今中国社会，“毒牛奶”“假疫苗”这些事件的背后都是企业家的价值观有问题，这些坏企业的灭亡也是很正常的。所以我们不能简单地看成是否有技巧和方法，其实背后是价值观的问题。

第三，理性的思维。企业家在做决策的时候，经常会受到情绪的影响，情绪是能够走多远和走多高的关键。常人总是在说“我”，因为这个“我”是来自自我的局限，来自自己的认知。大多数人在做决策时犯的错误是因为无法客观地看待自己和他人，他们总是在自我保护和辩驳，所以，关键来自自己的思维设限。

一个企业家决策的关键来自理性，而这种理性的关键在于能否从第三者的角度来看待自己。如今虽然已经进入互联网时代，任何一个独立的生命体仍然处于人的原始阶段。动物和人的最大差别是什么？低端的生物是基于自己的本能在做决策，这个本能决策就是感性。但是假以时日，经过自己的提升，其实来自自我的进化。今天的生命体已经从一个基因的变化到了一个不断自我进化的阶段，生命已经开始从 1.0 到 2.0 到 3.0 到 4.0，今后会走到人工智能上。

所以人和动物最大的不同，是人拥有自我进化的能力，而理性思维就是提高自我进化能力的关键，进化是宇宙中最强大的力量，是唯一永恒的东西，是一切的驱动力。

那么，如何提高自己的进化能力呢？就是要不断地训练自己的理性思维，而这种理性思维能力，就是如何将问题换一个角度来思考：不是考虑“我”，而是考虑问题的本身；不是考虑自己的感受，而是考虑客户的感受；不是考虑自我的情绪或资源，而是考虑是否可以创造价值。在这个过程中，提高理性的思维能力就是提高自我进化的能力。

我们要如何去实现自己决策的提升呢？

我一直强调要从实践的角度来考虑，实学是我一直提倡的，因为离开了实践，所有空谈的概念都只是一个概念而已，在这中间，我们不能把问题看成结果，要把问题看成过程。企业在经营中的所有问题都是实践的过程，都是践行的过程。

因此，当今环境下，不是一次性决策判断，而是提方案的不断迭代的水平，决策的循环是：目标—问题—诊断—方案—践行，最重要的是不断循环往复，不断进行测试。小步快跑，这是当今企业家面临变化的关键。在这个过程之中，我们需要的是开放自己的心态，和周围的环境形成互动。

片断作为一个传统企业，在完成变革的过程中，关键是基于环境的变化，如何和环境形成互动。所以这个时候，我们应该认为，不是要改变环境，也不是要逃避环境，而是要改变自己。

我们是不是和环境形成了互动，然后来改变自我，这才是我们决策中要改变的关键。在形成这样一个改变的过程中，我们 YTT 利润管理决策系统就是提倡决策中一定要摆脱空洞化、理论化、虚拟构想化，决策一定要基于现实的角度。所以决策第一来自目标牵引，第二来自现实的角度。

那么，我们要克服的是哪些问题呢?

第一，要克服的是基于问题的本身来思考问题。我们首先要从终极目标来看问题，所以看不看得清问题其实不取决于问题的本身，而是取决于你的角度，也就是视角。

第二，看“大”和看“小”。例如我们看一头大象，往往先看象腿，再看象鼻，这是传统教育给我们带来的坏处，这是先分后合。而我所提倡的是先看整体，看不清楚没有关系，然后再看分解，分解看完以后再看整体，所以这就是“合—分—合”的关系，这就是决策中我们所需要看问题的顺序。

第三，决策就是要基于眼前，我们要看到眼前是什么，就是你现实中的第一步。当下的决策一定不是宏大的，而是现实的，一定是基于可执行的。

第四，困难一定不能成为障碍，困难一定是可分解的，可克服的。在企业执行过程中，组织经常会成为障碍。只要做久一点的企业，我们的企业家就会被内部的经理人所捆绑，因为经理人的思维和角度都是基于现实的困难，而回避困难是人的本能，不是经理人的素质高与低，而是来自人的本性，我们需要的是要打破组织、战胜困难、分解困难、克服困难，组织不应该成为困难。

第五，资源能力不能成为障碍。一定要用高目标牵引自己，然后不断地去补充自己的能力，这样才能够达成目标或者是接近目标。

第六，要克服情绪。这个情绪中有些是面子的问题，或者是外表的风光。企业的决策是一件理性的事情，会很残酷地用数字来表现和衡量企业经营的状况。所以，我们需要战胜情绪，更要战胜面子，不需要活在别人的赞誉声中。企业家如果每天都活在台上的话，就一定会受到自己情绪的干扰，所以要回到现实之中来看待我们的状况和数字，来作为衡量的标准。

我非常高兴地看到王有川在改造片断的过程中，对以上决策中要克服的这些问题的践行，他在 YTT 的学习非常认真，学完了我所有的课程体系，并且坚持复训。我认识王有川夫妻已经有十年的时间，在这十年中，他们一直跟着我学习这套决策体系，用数字呈现问题，用理性在本书中一直贯穿这种思想和方法。有很多人问：组织中最大的困难是什么？最大的困难不是管理，而是沟通。沟通的关键是什么？是共同语言。片断的管理团队都来自我们 YTT 课程，他们都是反复地学习实践。我非常高兴看到片断的成长，片断的成长也是众多来 YTT 学习的企业家践行成功的一个代表。

从 1998 年至今，20 多年来 YTT 一直致力于培养企业家的决策能力。我们要帮助企业家来建立商业智慧决策体系。从帮助企业建立“仪表盘”、决策的“驾驶舱”、实践的模拟，以及到 GPS 的执行，都构成了一个闭环。设计管理的语言、制定决策方法、实践经营的过程、保证执行的定位，这些构成了 YTT 的决策体系，从这本书里面我们可以看到王有川非常好的设计和践行。

非常高兴看到这本书的问世，我们从中不仅仅看到了王有川和片断走过的道路，更重要的是其为我们中国的传统企业完成转型升级做了一个非常好的样板，我想这不仅仅是服装行业的榜样，也是值得其他行业来学习的。

史永翔

YTT 利润管理体系创建人

YTT 史永翔商学院创办人

北京大学汇丰商学院访问教授

序三　大道至简是初心

作为一名有多次创业经历的创业者，我对创业的艰辛非常有同感。我本人一路创业，现在都不忍回头去看，全是辛酸的泪啊——走过的路，犯过的各种各样的错误，当然也有成功。我有时会想，如果让我重新选择一次，我到底还有没有勇气再按照原路来走一遍呢？

看了《出路》这本书，我想说，庆幸啊，这个企业在一群创业者的努力下能够找到一条正确的路。而且一路走来，非常坚定，特别是王有川先生，他是如此坚定，而且当他遇到“稻盛哲学”以后，在“稻盛哲学”的指引下，企业得到了快速的发展。有一点我特别有感触，那就是“回到原点”。回到原点，也可以说是回归初心。那么我们的初心是什么？事实上就是我们起步的时候，那个大道至简的初心啊！

不管是什么样的时代，不管是什么样的技术，最终都要靠人来运用。“人”才是这个世界的本质，互联网也好，物联网也好，其他的营销模式也好，最终我们都是要回归自己这颗心，从这个原点出发。我们只有与客户心心相连，与员工心心相连，我们的企业才能从平凡走向优秀，将来必将走向卓越。所以从这本书里，我看到了一个企业家与一群创业者最可贵的“使命”担当，在这种使命与担当之下，他们的心在不断地成长，领导这个企业取得一个又一个的成就。

周新平　湖南盛和塾理事长

序四　通过经营企业自我修行

本书对片断品牌的成长历程娓娓道来，讲述了一代转型中的企业家的心路。在互联网经济和互联网文化的时代背景下，商业模式与管理模式不得不随之而变，最重要的莫过于思想、理念的转型。以“创造员工及事业伙伴物质与精神的幸福”为使命，通过砍省代、砍工厂、去库存、换团队等一系列“改天换地”的改造，片断脱胎换骨，令我非常敬佩与震撼。到底是什么力量支撑着王有川如此“绝情”前行？根本的还是内心深处的那份真正符合时代发展的“大爱”吧。如稻盛塾长所言：“我们通过经营企业进行自我修行。”拼命经营企业成为一种修行，经营者的心性得到提升，必定会去想好事，做好事。于是因果报应的法则发挥作用，人生也好，事业也好，就会朝着好的方向发展。王有川及其团队的用心实践为当今更多的企业经营者提供了有益的借鉴。

郭理　深圳盛和塾理事长

序五　经营企业就是经营人心

企业的核心组成是人、财、物，商业模式和运营模式的作用是将效率最大化，随着市场环境的变化和竞争对手的进步在变化。企业经营如果能够保持持续长久的经营核心，一定是在于人、财和物的增长，模式的创新核心也一定是在人上面。经营企业就是经营人心，一个企业把人心经营好了，企业自然就经营好了。

以稻盛和夫为代表的经营学，对于在企业经营过程中应该如何经营人心，给所有的盛和塾塾生指明了方向。时任片断总经理王有川先生，和人力资源副总张书颜及众多的高管都是稻盛和夫忠实的追随者，他们以“作为人，何谓正确”作为企业经营的判断基准，保持创业初期的勤奋之心，持续付出不亚于任何人的努力，终于让这个企业起死回生，从破产的边缘恢复到良性经营的轨道上。以利他之心为原点，充分考虑合作伙伴的利益平衡，以产品高质量为要求，真心对待客户，终于赢得了市场和品牌的口碑。最重要的是关注员工幸福、关注员工成长，让员工在片断企业里快乐工作，成为一支凝聚力超强、能克服任何困难的团队。

郭一群　杭州盛和塾理事长

导读　小赢靠算计，大赢靠系统

一、本书的价值：信心与方法

在盛和塾的企业中，我们实在算不上突出的，稻盛和夫老先生说："要谦虚不要骄傲。"所以要不要出这本书，起初还是非常犹豫，东方出版社稻盛和夫出版团队负责人姜云松老师和很多老师、朋友鼓励我们要把企业从负资产、负利润，从面临倒闭的命运中如何翻盘，而后起成为一匹行业黑马的所思所为，分享给大家，给今天在转型期经营中遇到迷茫和痛苦的企业家一些启示，给予经营者和管理者"破局"的信心，从这个意义上讲，如果我们的经历能够给读者带来一点点力量，在具体的经营实践中得到借鉴，这本书就非常有意义。因为这个纯粹的动机，我们得到顶尖的专家学者的帮助，是我莫大的荣幸，非常感谢上海默邦企业管理有限公司的申莉老师和《商业评论》出版人曹阳老师的智慧贡献，让我们平淡的案例增加了高度，进而能够给予企业家和管理者如何思考、如何抉择、如何行动的一些方向或方法，我想这是这本书的第二个价值。

二、本书的结构：平衡计分卡战略地图

在几个月的成书过程中，结构也几次调整，最初只是按照时间先后做了编年史事实，其中人物和事件错综复杂，在经营中产品、营销、决策、管理是同步发生的，不要说读者，就连我们自己也读成一锅糨糊。那么应该拿什么做主线？我做了一些思考，

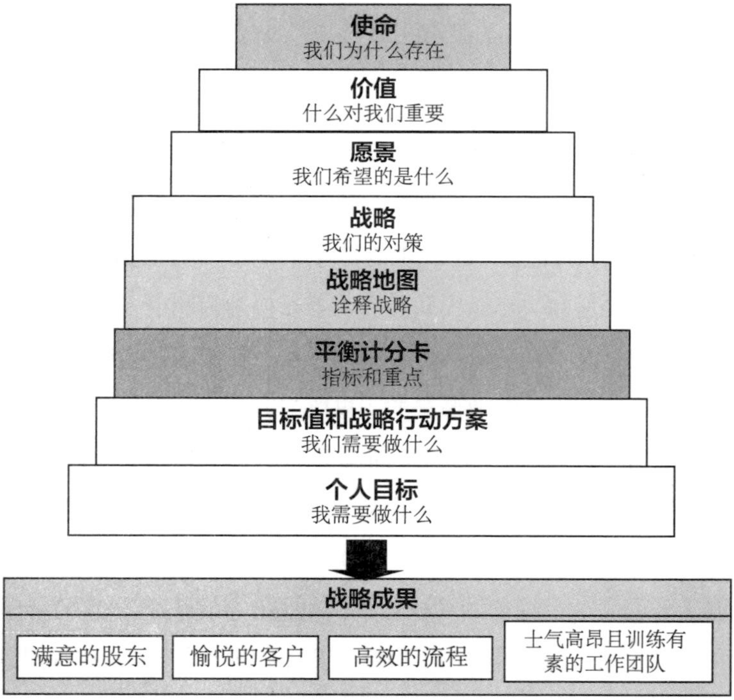

平衡计分卡战略地图

发现这些年我们所做的各项决策，其实都暗合了《平衡计分卡战略地图》的思维。平衡计分卡是一个全面的框架，它帮助高级管理层把公司的愿景和战略转变为一套连贯的业绩指标，平衡计分卡提供了一个框架、一种语言，以企业的使命和战略为导向，利用衡量指标来告诉员工当前和未来成功的驱动因素。“许多领导人都拥有个人愿景，却从不把愿景转变为振奋组织的共同愿景，他们缺乏把个人愿景变为共同愿景的概念。”

三、财务、客户、内部流程、学习与成长四个层面

《哈佛商业评论》更是把平衡计分卡评为 75 年来最具影响力的战略管理工具，平衡计分卡从财务、客户、内部流程、学习与成长四个角度来评价企业的业绩，财务指标是企业追求的结果，其他三个方面的指标是取得这种结果的动因，这种因果关系解决了经营管理中业绩评价指标之间关系混乱的问题。管理者从四种维度选择影响结果的几个关键指标，进而将全员的注意力放到战略远景上来。基于这四个层面，我们把这六年的经营实践，分为了财务层面、客户层面、内部流程层面和学习与成长层面四个板块，在每个板块中，讲述了不同的典型案例和事件，以及在背后真实的思想斗争与决策过程，便于读者理解。

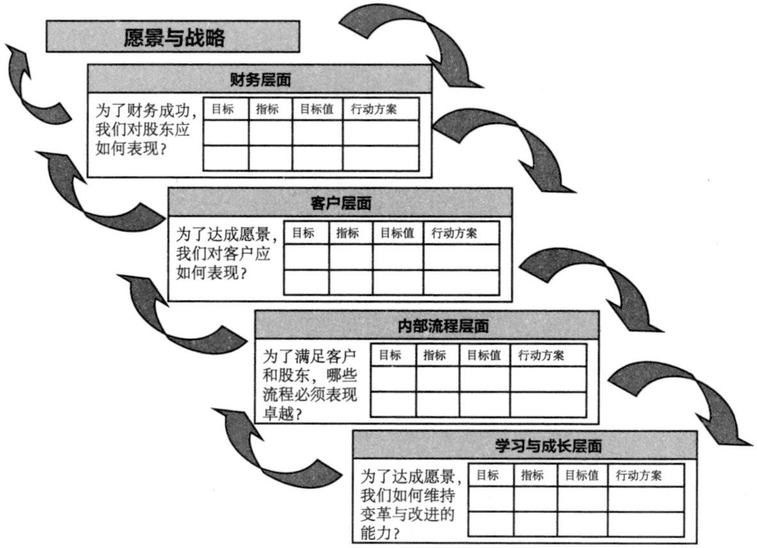

四、本书的参与者

在成稿过程中，感谢财务副总唐文伟、人资副总兼片断总经理张书颜、销售副总代福顺、新产品中心副总监谷卫兵、片断财务经理娄百玲、商品经理刘永梅、河南分公司总经理蒋健、南方大区经理徐言琼、产品中心总监李红光、前电商经理田晓磊、微信营销经理孟慧、北方零售经理才华、零售支持中心总监袁志芬等同人，在百忙之中，利用业余时间接受采访及撰写文稿。

特别感谢恩师上海默邦企业管理有限公司的申莉老师，始终支持着我们的成长，关心企业的各种需要和风险，及时提供咨询和提醒。在成书过程中，申莉老师如同自己的事一样，拿出大量时间主持访谈会，主持深度采访，给予点评意见并撰写文稿，付出大量的精力与情感。在本书写作过程中，任启发先生多次深入企业，参与企业会议，与多人进行了“一对一”的采访，历时半年有余，数易其稿，付出不亚于任何人的努力，撰写出如此高质量的文稿。

东方出版社稻盛和夫出版团队的负责人姜云松老师纯粹利他的发心，才促成此事，在整个成书及出版的过程中亲自过问并参与细节，在遇到障碍时努力排除解决，确保了本书顺利出版。

我的太太蒋永青，是她创办了企业的前身——北京青青淑女天地，是她招募和培养了片断的第一代员工，是她建设了企业最初的文化根基。片断后来的所有成就，都基于她深厚的品德和持续的努力。在我主导企业时，她总是在背后默默地支持，在遇到问题时及时鞭策和纠正，并努力寻找各种资源使困难得以解决，她如同大地一般深沉而厚实，始终滋养和承载着企业的所有人，在此致以由衷的感谢。

王有川　上海新想象实业有限公司创始人

第一　财务篇

杭州是数千家服装企业的聚集地，经过 20 年的发展，拥有诸如“秋水伊人”“江南布衣”“三彩”“红袖”等优秀企业。有这样一家传统服装企业，没有品牌，没有人才，没有资产（甚至是负资产），但是她却一步一步发生逆转，从街道工厂，到小区物业，到工业园，再到产业园，用不到五年的时间，连续实现每年 50% 的递增，完成了从平凡到优秀的转变。

今天的传统服装企业在库存管理、供应链管理、渠道运营、战略转型等方面仍然面临不小的考验，为企业生存而焦头烂额的企业家也不在少数。在“攻无可攻，守无可守”的困境中，有一家服装企业，在库存爆仓、关店如潮的行业背景下，却在不断开店，确实是一个奇迹。

在数千家企业竞相展现的舞台上，他们遇到了哪些障碍？采取了哪些措施？他们又是一群什么样的人？发生了怎样的故事？带着诸多的疑问，受东方出版社的委派，我走进了谜一样的青青服饰——他们的价值观，他们的科学发展观，他们的幸福观，到底有着怎样的与众不同，值得我们一探究竟。

片断是怎么做到的？现在正在做什么？未来打算往哪儿走？本书想必会给其他面临同样问题的中小企业家和管理者，带来可资借鉴的思考与启迪。

这是怎样的一张报表

企业如果没有利润就无法生存。追求利润既不是可耻的事，也不违背做人的原则。

在自由经济的市场环境中，由竞争结果决定的价格就是合理的价格，以这个价格堂堂正正地做生意所赚得的利润，就是正当的利润。在激烈的价格竞争中，努力推进合理化，提高附加价值，才能增加利润。

不是为了满足顾客的要求脚踏实地、努力工作，而是靠投机和不正当手段牟取暴利，梦想一攫千金。在这样的世风中，光明正大地开展事业，追求正当的利润，为社会多做贡献，这就是京瓷的经营之道。

（摘自《京瓷哲学：人生与经营的原点》，东方出版社）

【2010年北京青青淑女天地的旗下品牌片断女装，主要销售渠道是省级代理商的代理销售，代理折扣减去退货率折算为销售收入，按照这个收入比例，生产成本高达70%，毛利空间不足30%，而销售费用高达30%。】

2010年9月，王有川从北京只身来到杭州，看到了一张让他终生难忘的财务报表。收入偏低，成本占比高，渠道流通费用多，利润空间严重不足，这一系列难题像是一条条冰冷的铁链，将片断女装绞杀得几乎奄奄一息。

看完所有的报表，王有川找来片断的财务经理："请问我们的企业为什么亏损呢？"

财务经理说："费用太高了。"

"为什么费用太高了？"

她说："比如说公司用车的油费，还有管理人员的费用。"

但是，那时片断的管理费用很低，管理人员就几个，办公室的租金也很便宜，所有的费用没有可以再省的空间了。

财务经理答非所问，说明她根本不懂财务最基础的原理，关注点就不对。她不去关注70%的生产成本，而是关注占用比例很少的油费。再说已经是很差的办公环境，很差的汽车，还有什么节约的空间？

然后，王有川对她说："你走吧。"

这是怎样的一张财务报表？为什么生产成本这么高？青青服饰的所有人，包括财务经理，都回答不了这个问题。

这张报表至少反映了两个层面的问题：从价格层面来说，销售价格过低，渠道通路有问题，省代模式的低折扣加高退换货的市场政策，平均下来销售收入不到吊牌标价的三折；从生产层面来说，生产成本过高，生产管理水平差，效率很低。走进服装厂，现场很混乱、很脏，甚至在院子里还有抽过的烟头，厂里的工人很懈怠，工作效率低下。

王有川当时脑海中涌现出一波惊涛：如果不想办法调整收入成本关系，挤出毛利，即使再努力，开再多的店，卖再多的货，也只是意味着更大的亏损。因为企业根本就没有毛利，也就谈不上净利了。公司是否有生存的根基，和努力不努力没有关系，问题出在决策上，如果维持现状就没有活下去的可能性。

王有川暗下决心，要对这家公司做一些根本的改变！可是千头万绪，从哪里开始改变呢？所有的问题似乎都纠结在一起，也纠结了很长时间，牵一发，动全身。

还有一个秘密的决策已经讨论了一段时间：到底还要不要留下片断这个品牌？对，不是要怎么做，而是要不要？这时候，卖掉片断的想法已经被探讨多次，而且，已经有买家开始主动接触。片断将何去何从？

困苦绝不是一瞬间，王有川清楚地记得那个星期头上长出些许的白发。他的全部心思都在想这个企业怎么才能存活下去？以企业目前的制度与销售状况，片断死定了！但是为了青青服饰的未来，片断必须活下去！因为片断是公司内唯一的自有品牌。失去片断，没了上游研发、生产、品牌的资源，单单凭借代理业务，等于自己阻断了驶向未来的通道！

现金流是企业发展的血液。一旦企业的现金流出现问题，即使企业账面是盈利的，最终的结果还是死亡。现在片断还不能自身造血，每个月发的工资都是代理品牌挣到的钱，月月如此。于是当时做了两个工作：一是砍掉无效直营店店铺（没形象、没销售、费用还奇高），这些店在自然死亡，但也有终止协议的；二是大力发展加盟，因为企业的根本是现金流，企业要活下去，按照原来的方式走下去必死无疑。

在企业实际经营中，不在于报表中的数字，而在于现金的动向。那么片断的断点与突破点在哪里呢？

抡起巨斧，为了未来

能否成功，很大程度上取决于当事人的热情和信念。做什么事都不成功的人，就是因为缺乏热情和执着的信念。他们总是寻找适当的借口，自我安慰，然后很快放弃。

想做成一件事，就要学习狩猎民族捕猎的方法。一旦发现猎物的足迹，就提枪连日追踪，不管狂风暴雨，还是遭遇强敌，也一定要找到猎物的巢穴，不获猎物决不罢休。

要想成功，就必须朝着既定的目标，孜孜以求，坚忍不拔，不成功决不罢休。

（摘自《京瓷哲学：人生与经营的原点》，东方出版社）

【代理品牌之路越走越窄，自有品牌片断处在风雨飘摇的关键时刻，支撑青青服饰主营业务的大厦将倾，500 名员工如何生存？】

王有川思前想后，决定必须另辟蹊径，要挽救青青服饰。2010 年，王有川盘点了所有盘面上的生意，只有片断女装有未来，虽然当下很糟糕，但其他的生意都缺乏发展空间。他具体的做法是从代理板块逐渐剥离人才到片断女装板块。青青服饰有那么多员工，他们还年轻，缺乏对未来的理解与职业生涯的规划，不走这一步，很可能会失去方向和信念。

青青服饰创建伊始，蒋永青的根本出发点，也就是办这家企业的初衷是什么呢？是人。王有川与蒋永青相识于20年前，两人的故事很长、很浪漫，当然也很励志。

蒋永青，山东淄博人，从九条牛仔裤开始了她的服装梦。从与别人合用一面墙起步，慢慢有了自己的三尺柜台。创业伊始，她历尽艰辛，常常大半夜坐客车去北京进货。窄窄的卧铺车，分上下两层，为了多拉人，所有空隙的位置都被塞满人和货物。蒋永青有股韧劲儿，看准的事情即使再难都会一步一步地去实现。她相信："目标刻在钢板上，计划写在沙滩上。"

蒋永青在淄博做零售特别出色，于是，"秋水伊人"品牌的姚总说："你到北京去做代理商吧，整个华北市场交给你运营。"当时整个市场都是"一手给钱一手给货"的批发商，她却享受"一个地区只选择一个客户发货"。这种模式使她在那个时代拉开了与同行的距离。

心动不如行动，要想有更大的发展，只有一个选择——去北京。从1995年开始，蒋永青独自一个人闯荡北京，在动物园服装批发市场一个10平方米的档口，开始了她更艰苦的创业历程。

2000年初，服装品牌代理还是新生行业，蒋永青顺势而为，将资金全部投在杭派女装的代理业务上，创办了北京青青淑女天地服装有限公司。从此她的服装事业驶入了快车道，开启了青青服饰代理商时代。以"秋水伊人"等杭派女装华北总代理起家，迅速成为华北女装界首屈一指的贸易商，鼎盛时期代理二十余个品牌，店铺超过千家。

那是一个“买手为王”的黄金时代，具有敏锐市场嗅觉的人才能够主导流行趋势。蒋永青每个季度都会去品牌公司选款式，因为她的眼光独特，生意做得顺风顺水，大家感觉特别有底气。曾经有两款爆款，客户都是交钱抢货，每个客户都补货200件，生意好到整条街的多数女人都提着青青服饰的手提袋。

异常火爆的情景，连见多识广的蒋永青都说：“你们疯了！都什么时候了，还上货！”一位内蒙古呼和浩特市的客户的话让她茅塞顿开：“你来我们呼市看，一到等红灯时，斑马线上的美女，齐刷刷全穿着我们家的服装。”

在那个流行趋同的年代，与现在求异的个性化穿着迥然不同，大家都喜欢与别人穿一样的款式，没有穿流行款，都不好意思出门。

蒋永青勤劳勇敢，宅心仁厚。2002年的冬季，客户反馈需要呢子大衣，但是临近过年工厂不敢出货，于是，她果敢地说：“我买断！”工厂专为她定做每款200件的单子，结果卖得特别好。后来全国的代理商都进了这些爆款，工厂和其他代理商都特别感恩于她。

“利他”是青青服饰的根基，从蒋永青到王有川都是发自内心地遵循着。一次，蒋永青、王有川、产品中心副总监谷卫兵等人出差，大家坐在车里天南海北地聊起来。当聊起人为什么来到这个世界的时候，每个人都说了自己的志向。王有川说：“我为度众生而来。”

他们当时很不理解，王有川为什么如是说？

王有川接触佛教思想十余年，佛教的思想已经贯穿到他的价值观中，做企业时通常会考虑利他，很少想到自己。一个企业家的内在动因，往往对决策起到巨大的作用。让片断这只小船，由困苦的此岸渡到成功的彼岸，是他最根本的发心，也是他最强大的信念。

随着销售规模和管理半径的增加，青青服饰请管理顾问机构进行公司化系统再造，打造自己稳定的商业模式及管理模式，成为在竞争激烈残酷的服装行业中少数成功实现公司化转型的渠道商。凭借批发、零售完成了原始积累，2006年借助青青服饰的商业资源，自创服装品牌片断。

片断创办之初，因为产品风格独特，店铺形象识别度高，很快以省代理模式铺开了市场，凭借着良好的信誉和数量超大的销售渠道，销售势头良好。但是两年后，销售开始滑坡，产品问题、客户问题等很多问题都出现，现金流断裂，公司经营陷入危机，到了生死边缘。因为没有预知性，蒋永青心里感觉越来越不踏实。

决策凭感觉，以市场导向来定价，有时每件连10块钱管理费都不要，真真切切地做一件亏一件。利润少只好在货品质量上动脑筋，然后又是打折……如此这样积年累月，在经营上遇到的问题越来越多，越来越大，大到他们现有的人员无从解决，却又不得不面对的地步。

同时片断在产品设计上的弱势也显现出来，一个设计师，下面有两三个很弱的小助理，一场订货会，就把全部设计的、品质的、渠道的问题都暴露了。

坚定的信念，是一切成功的必备条件。这种信念，一部分来自王有川的家庭："我的父亲是一名革命军人，是老八路、老干部，革命生涯九死一生，给了我很多言传身教。长大后，我的字典里就没有‘失败’二字。失败了只要再一次爬起来就是下一个成功的开始。父亲总是说‘男人流血不流泪’‘车到山前必有路’，遇到困难时父亲总以革命乐观主义精神开导我，给我带来百折不挠的信念。总有一天我能够成功，虽然我也不知道在哪里，在什么时间。我想正是这种信念使企业能克服困难，也是改革持续下去的根本动力。”王有川饱含深情的叙述，透着无比的坚毅。王有川以一个行外人无知无畏的勇气，独特的视角和社会担当，认定只有背水一战，企业才可能向死而生。

要想活，就要变！要想有脱胎换骨的改变，就必须大刀阔斧地改造公司的人、财、物，就必然要进入深水区，必然要触动方方面面的利益。虽逆水行舟，但势必远行。要做好受人奚落和反驳的准备，这或许是每一个先行者不得不承受的宿命，王有川自然不能例外。

王有川在几个月内连续实施一系列的方案，开始了片断女装的再造征程。清理股权、砍省代理、砍工厂、库存变现、库房改造等，在紧张忙碌中陆续展开。“每当一个想法到了该出现的时候，什么也阻挡不了它，哪怕是世上所有的军队加在一起也不行。”也许这句话能够诠释王有川的决心。反正死马当活马医，最差的结果也就是和现在差不多。但在公司其他人看来，这些所谓的动作和打法，完全是不懂服装业务的一派胡来。

王有川回忆起那段艰苦的岁月时说：“当时片断属于亏损状态，我与太太蒋永青商量，外部股权全部偿还清退。一是外部投资人都是亲属，一旦失败造成损失难免带来非议；二是只有股权单一，才能在决策时不受干扰，才可以甩开膀子干，才能博一个未来。那时我说，在我心底这是一个值十亿元的企业，我太太当然不相信。我跟她说，相信我可以做到的。在我心目中，有一个必胜的结果，我仿佛能看到成功的未来。”

王有川接手时，片断这条船快要沉了，所以让老股东原值退出进行得很顺利。但是接下来，砍掉省代理，却让很多人无法理解了。但是从财务的角度看，如果不改变分级代理的营销模式，片断只有关门大吉一条路。

在北京，每次各部门开会，片断都是最后一个汇报，销售额也仅仅是其他品牌的零头，被大家轻蔑地称为“小片断”。而且，当时在公司内部有一个不成文的规定，总是把干得最差的干部和新进来的员工塞给片断。当时员工在片断工作是抬不起头的，如果其他板块的干部被派到片断，感觉一定是犯了错或者能力差被“发配”了。其他的代理商怎么对待片断就可想而知了，只是给蒋永青一个面子，保留着这个可有可无的业务。

必须把青青服饰的代理板块与自有品牌彻底分开，如果不分开，组织结构、人员安排、薪酬激励，都按照代理业务的模式，显然不能满足片断的发展需要。

想要做一家品牌型企业，单纯的贸易并不能控制资源，企业的发展也会受到限制。而片断作为青青服饰的实业型项目，只有在市场中打赢，才能为整个青青服饰赢来前途。片断必须赢，尽管这个赢可能比较艰难！“成功人士总能在意想不到的地方发现价值，他们遵循的是基本原则，而非秘籍。”现在看来，他们的选择和信念正逢其时。

随后，片断对每年招募的大量中高层干部，进行严格的任职能力考核，不论亲属远近，完全以结果导向，进而提出“只要符合战略的，就是好的；只要不符合战略的，就是不好的”用人标准。

经过两三代的大浪淘沙，片断整体人才素质开始高过老体系，薪酬标准也水涨船高。从“小片断”变成令人羡慕的“大片断”，现在谁能进入片断，进而进入集团，足以证明他的能力。

砍掉省代，开罪于人

描绘远大梦想并付诸实施时，必须问一问自己“动机善否？”通过自问自答来判断自己动机的善恶。

所谓善，就是普遍认为好，所谓普遍，就是无论由谁来看，都认为是好事。因此，不是只符合自己的利益、方便和形象就可以，而必须是自己和他人都能接受的。另外，在工作过程中，还要自问“私心有无？”必须审视自己的内心，在工作中防止以自我为中心。

动机至善，又无私心，那就不必追问结果，结果必定是成功。

（摘自《京瓷哲学：人生与经营的原点》，东方出版社）

【要想生存，必须有足够的经营利润，如果砍掉省代，仅靠几家经营不好的直属加盟店，按当时的后台费用最少要 5000 万元的营业收入才能收支持平，如果砍得连量都没有了，企业怎么活？】

以当时的设计、产品质量、市场政策等标准来衡量，可以用一句话来形容片断：“不怎么样。”没有足够的性价比，要从产品终端上涨价根本不可能，那么只有一个办法，砍掉省代，减少流通环节，降低流通费用，实现隐形涨价。这不是谁有先见之明，是从财务决策角度最基本的判断，也是迫不得已的选择。

凡事预则立，要“预先算赢”，才能有十足的底气，以理服人。王有川在不同的场合与相关骨干进行多次推演，得出的结果是：一定能赢。于是，王有川在工作会议上明确了方向：“以现有的管理能力，不能够支持快速发展，反而能支持小而精的企业。即使损失一半的店铺，丢掉一半的销售额，我们的收入下降了，但营销费用降低了，同时毛利提高了，依然可以熬过去。我们要练内功，让产品有性价比，毛利比销售额更重要。宁可降低速度，也要优化管理。”

客户少，销售额下降，反倒给他们留下时间调整团队。从现有的团队状态到理想的团队状态，需要什么路径，需要多长时间，都是可以预见的。只是有些人看不到，有些人能看到。

时任销售总监的张书颜当时就忧心忡忡：“当时算了很多次，看到不同的表单，套上不同的数据，尽管计算的结果很清楚，但企业怎么活？能不能活到我们所要的结果那一天？我很有顾虑。当时面临的困难还不只是重建渠道，同一时间，砍工厂、裁员……如果没有合适的人接招，我们还能不能经得起这么折腾？”

张书颜，现为公司人力资源副总、片断总经理，与蒋永青相识于 16 年前，两人情同姐妹，不离不弃。从事服装行业 20 年，谙熟服装经营之道，是青青服饰的创业元老，知人善任，是众多员工和客户的良师益友。她的座右铭是“敬天爱人”，由稻盛和夫先生题写的“敬天爱人”，如今被工工整整地悬挂在张书颜办公室的入门处，格外醒目。

张书颜能进入公司，是因为一个小姐妹曾对张书颜说：“我们老板为人特别好，你又很好学，如果到我们公司来，一定会发展得很好！”机缘就这样注定了！面试当天就有一个展示张书颜的销售能力的机会。

在北京新世界特卖场，蒋永青见到张书颜问：“你有没有做过销售？”“做过。”“那就直接上班吧！”张书颜马上进入卖场，开始娴熟地卖货，一下午个人销售额达到1万多元，占全卖场的80%。蒋永青见到这情景说：“我看你很有条理很会张罗，你留下来做店长吧。”

三个月后，张书颜被调到位于北京动物园批发市场的总部，当时老板加员工，总共只有5个人。不久，张书颜去河北保定的客户店铺走访，她看到有两包库存货放在那里，奇怪地问：“王哥，你怎么不把货退回公司啊？你有退货率的啊。”王哥说：“退给青青，也是压着。我自己承担了，留着明年拿出来卖吧！”张书颜看了看那两包货，至少货值2万多元！那可是人均月收入不足800元的年代啊，那个瞬间，让她对蒋永青在客户心目中的形象有了新的了解。从开始接触，张书颜深切感受到蒋永青没有一点老板的架子，很亲切，用实操代替面试，很务实，让她感到和这样的老板在一起，踏实！

有一次，蒋永青在电话里对张书颜说：“书颜，片断在经营上遇到了很多问题，现在遇到的问题比较大，我想把你调到杭州，你考虑一下。”张书颜大吃一惊。等她休完产假回来，蒋永青带她到杭州片断看了看问：“行不行？你来选择。”

去杭州前，蒋永青特地把张书颜等几个人叫在一起聚餐。“在桌上，蒋总说了几句就掉眼泪了，我们几个哗地都哭了。我和她在一起已有七八年，感情特别深厚，从没有看过她掉眼泪。我觉得这件事对她来说真的是件难事，当下就决定我一定去。”张书颜回忆说。

家里人都不同意，最后张书颜说服了先生，带着婆婆和两个月大的孩子，举家南下杭州。她到片断第一感觉就是员工单纯可爱，但是营销状况着实让人担忧。整个公司的情绪和气氛充满了负能量。客户电话不敢接，接了也是胡说，很多简单问题都不知道怎么解决。

销售下滑严重之际，过去几年积攒的问题也全部呈现出来。夏装衣服前襟系不上扣，衬衫领子有几寸宽，裙子比上衣短一两寸，全都是一些超低级的质量问题，最大的困扰还是找不到责任人。由此引发的连锁反应就是客户不停地更换衣服，老客户因为得不到很好的解决都走掉了，后续的客户又很难在短时间内建立忠信度。

张书颜决定必须从打开市场的角度来改变片断的面貌。于是市场部的人都去跑市场，去找各省的省代。很短的时间内，他们几乎跑遍了各个批发市场里的省代。跑了，谈了，结果呢？重新赢得客户的信赖真是一个艰难的过程。

张书颜几乎所有的时间都放在工作上，经常深夜以后下班，小区的保安对她都特别熟悉了。张书颜认为为了片断有一个美好的明天，不管付出多少努力，经历多少挣扎都是值得的。可是 2010 年 5 月，蒋永青犹豫再三地说：“书颜，我决定放弃片断了。”张书颜当时就急了：“不可以，如果我们现在放弃了，我们之前所有的努力都将归为零。我不甘心，绝对不甘心。”

张书颜虽然不甘心，但也真的没有办法，直到王有川来到杭州。

她还记得在小阁楼的办公室，王有川对她说：“片断事业将是承载青青服饰未来发展最核心的业务，也是最值得投入的！片断一定要做，一定会青出于蓝。”

这句话让张书颜一生都难以忘记，因为她太渴望保住片断了。可是接下来的痛苦蜕变超出她的想象。这种痛苦直到张书颜进入盛和塾，才深刻领会提高心性与拓展经营的内在关系：“企业发展的水平，取决于经营者的品格，也就是经营者器量的大小。企业要发展壮大，首先要求经营者相应地扩展自己的器量。”

砍省代、渠道扁平化是一个被动的选择，也是一个必需的决定。很多人知道这是对的，但没有去做，因为他们的企业还能活。但王有川当时是单一的选择，因为不那么做企业就会死。

砍省代从哪里开始呢？要想立竿见影，先从自己身上动刀子，正人先正己，上行下效。先砍掉青青服饰代理片断的业务，拿自己开刀，这让所有的人都觉得不可思议。放着顺带的生意不做，先自损自残，这是什么邪门打法？

王有川当时要大力度推行改革，必然会受到很多的质疑和压力。这时候，蒋永青的立场与支持显得尤为重要。要换掉一多半能力不足的中层干部，同步要放弃工厂剥离工人，砍掉省代也可能会引起所属零售商“重新站队”……

王有川说：“河南的堂弟、山东的四叔，以及青青服饰自己代理自己，基本都是自己的亲戚朋友，所以好砍一些，反正都是自己人，直接砍掉就行了。”

张书颜现在想想砍省代还有些后怕，对她触动巨大的不是心慈手软，而是战战兢兢，如履薄冰。之前她顶着压力，全年几乎跑遍了所有的市场，靠她的个人魅力与情感联络，签下了七八家省代，重建了片断女装的市场代理体系。王有川一来就告诉她这些人都不能要了，她一下子蒙了，怎么都想不明白，怎么说砍掉就砍掉了？

"这么做，我在别人的眼里成了什么人？王总的决策已经很明确，可是我接受不了，这都是辛辛苦苦跑下来的，刚刚和客户描绘片断未来的蓝图，人家因为对我的信任才会签这份合同。现在又要和所有的客户说你们都别干了，我真做不出来，所以在这个问题上我和王总有很大的争议。我们是靠省代活着，这么大的牌面，如果连省代都没了，连基础量都没了，企业怎么活呢？但是王总指着我说：'反正你要记住省代不能招，记没记住？'这句话我牢牢地记在脑子里，我说我记住了。"张书颜回忆当时的情景说。

这也让张书颜一个月后萌生退意，并且给自己订了一个时间表，只要王有川能够招来一个代替自己的人她就退出。她不能负气离开，否则太对不起与蒋永青多年的姊妹之情。

蒋永青得知张书颜想辞职的想法，立刻放下北京所有的事情，赶到杭州。她们在公司楼下的林荫小道，来回走了无数次，聊了一整天，从企业聊到自己，聊到自己的初心与苦衷，有些话张书颜还是第一次听说。最打动张书颜的一句话是："你要明白，王总来是要帮这个企业重生的，不是来毁掉片断的。"

时隔多年，张书颜微笑着说："当时我们对王总是不信任的，他的一些决策我们不知道是对是错，再加上前期我们没钱，人也比较难招，招的人也不靠谱。他的那些打法行不行，我们都存在质疑。"

尽管张书颜还没有百分之百被说服，但一种顾全大局、舍我其谁的担当决心起了良好的作用，她向同事、也向自己无数次说：“即使这个牌子砸了，死掉了，我也认了。必须全力以赴，王总怎么说，我们就怎么做。”

省代都是一个一个谈下来的，不舍的情绪几乎弥漫在整个营销部门。亲手建立起省代营销网络，张书颜无论如何也下不去手。王有川决定和张书颜进行角色转换，自己出任销售总监。

北方区域经理方华对砍省代的体会有一定的代表性：“一切都是重新开始建立。店铺收编，总代理带领我们去考核店铺，该留的留，不该留的就放弃。当时我负责山东、河北、天津和北京，提出要砍掉省代后，我们就挨个去和客户沟通。我跟总代理去河南开会时，所有的客户都在投诉、在抱怨，‘这个事情必须说清楚，砍掉省代，直接跟公司合作，公司给我什么样的利益？怎么保证我的利润？’每次客户都是一波接着一波谈判，谈到后来脑子都已经错乱了。每次谈完都松一口气，太难了，因为当一个客户脱离省代要和总公司直接合作时都会增加很多条件。”

砍省代使得渠道扁平化，反映在对客户的价格政策上，公司可以忍受第一批货不赚客户钱，全部支持客户，客户达到一定的指标，公司能有一定的盈利时再给客户一部分返利。

砍省代难在这些谋算上，而不是说砍省代这个动作上。砍省代意味着重新组织团队，由原来服务一两个省代，变为直接服务一两百个加盟商。服务能力要大幅提升，同时也要招募大量的营销人员，后来代福顺等人的加入，正是因为这个需求。

砍掉工厂，留出活口

京瓷严格防止不良资产的发生。在必要的时候，买进必要的原料，生产必要的产品，这是原则。购买了多余的东西，或者生产了过剩的产品，就会出现不良库存，浪费不必要的经费。

而万一出现了不良资产，就要立即处理。这虽然会造成一时的损失，但不要顾忌眼前的数字，要拿出勇气，坚决把不良资产处理掉。如果不这样做，将问题搁置，只会带来更大的损失。

一定要坚持在健全的资产状态下经营企业。

（摘自《京瓷哲学：人生与经营的原点》，东方出版社）

【生产成本高达70%，管理水平差得无法改造。生产管理人员责任心不强，技术不过硬，工人频繁跳槽。生产又是整个服装产业链上最烦琐的环节，每时每刻关注，也耗费了大量的人力、物力，最终成为制约企业发展的一堵墙。】

根据“聚焦战略”分析，青青服饰整个团队偏向于营销型。在资源有限的情况下聚焦到擅长的领域，使管理的精力、资源都回到最擅长的营销方面，才是生存之道，才是发展之本。

砍掉工厂不仅仅是砍掉财务成本，更重要的是砍掉管理成本。当时的管理人员每次开会都陷于协调工厂里各种人际关系，这样的琐事好像没完没了，总是“按下葫芦浮起瓢”。

同时，工厂对采购没有监控，因为颜色或规格不对，材料整卷、整批地堆在仓库中；在成衣剪裁方面，更是凭经验，用手指估算尺寸；同时，生产工期安排不合理，不能按时交货的事情常发生。

王有川想，明明不擅长这些为什么要陷在里面？不如舍弃了。管理人员耗费这么多精力去做一件不产生效益的事情，不如将所有的管理精力都聚焦到如何去开店、如何寻找优质客户这些擅长的事情上。

他们在外边工厂询了一圈价，虽然委托加工比自己加工贵一点，但是要把浪费的材料、时间、管理资源算进去，综合来计算成本，肯定是委托加工更便宜，所以王有川更加坚定了砍掉工厂的决心。

片断能够砍掉工厂，在行业内是先驱，当时很少有企业那么做，不过现在很多企业也都在砍掉工厂了。让关键人做关键事，能够扭转失去工厂所带来的局面，必须在现有的人中选择一个人先顶上去——谷卫兵打了头阵。

谷卫兵，不论年龄大与小的片断家人都叫他一声“兵哥”，只有几个人叫他“兵子：。2010 年 3 月，谷卫兵来到了青青服饰，开始进入服装圈。有一次，谷卫兵到杭州学习时，顺便到片断参观。那时片断还在杭州郊外一个很破旧沿街房的三楼，脚踩在楼上的地板上，整个楼层都颤巍巍的，感觉像是一个小作坊。在所有人的眼中，片断是一个很小很小的品牌，小得几乎所有人都不知道，小得连片断的人出去都感觉低人一等。

同年 4 月，片断的股东调整，蒋永青派谷卫兵到杭州接管出纳。

到了杭州，谷卫兵才清楚片断的资金几乎是零，每月 18 日准时向北京总部借钱发工资；也已经习惯了对供应商的货款一拖再拖，好多事情都见怪不怪了。

谷卫兵回忆当时的情景：“当时生产部经理已经离职，由技术部经理临时挑大梁。生产部每天都没有计划性，员工也比较懒散。很多货品都交货了，财务还没看到合同，更不用说起到监控作用了。生产计划也存在很大问题，一看就是很难实现。各部门各自为政，信息不流通，出了问题相互推诿，整个公司都是低迷彷徨的。

“我刚来片断时，相当于‘总打杂’的，不只接管财务，买菜、买米、买各种东西，甚至配一把钥匙我都要亲自去。当时蒋总让我硬着头皮去接管生产，但我真的管不好，在来片断之前，我做了十几年琉璃工艺品外贸的生意，没有接触过服装，是个十足的门外汉。我对面料采购完全没有基本的概念，面料的成分、织法、价格、特性、风险评估等完全不懂。导致了后来很严重的质量问题。”

张书颜用“最艰苦”来形容砍掉工厂：“除兵子以外，没人觉得砍掉工厂是好事，包括蒋总刚开始也是不太支持的，因为涉及很多人的利益。工厂等于半卖半送给人家，更要命的是我们对委托加工也同样不懂。不懂就导致特别被动，供应链的人天天去找我，品质问题、面料问题、做工问题，这些问题我都解决不了。”

要有一个以结果为导向的认知能力充足、架构清晰的团队，一窝蜂打群架是不行的，让专业人做专业事，每个部门领导的认知能力也要到位，不到位的可以进行培训。随着战略的提升，组织上的不断迭代，对组织的决策要求也要到位。

甩掉工厂这个包袱，轻装上阵，这是他们当时最明智的抉择！

库存变现，解决现金

在工作过程中，会遭遇各种各样的障碍。如何克服这些障碍，态度不同，结果也会大相径庭。

开展一项新事业，往往会出现反对意见和各种阻力，一遇到这种情况，有人就会轻易放弃。而在工作中取得卓越成就的人，都是把崇高的理想作为信念，击破一切壁障的人。这样的人，把障碍看作考验，与困难正面对峙，迎难而上，高举信念的大旗，奋勇前进。

坚守信念需要莫大的勇气，缺乏这种勇气，就无法成就创造性的、革新性的事业。

（摘自《京瓷哲学：人生与经营的原点》，东方出版社）

【砍掉省代，利润空间有了，砍掉工厂，生产成本也降下来了；可是2011年年终报表依然亏损600多万元，那么2011年赚到的钱在哪里？】

明明是赚钱了，可是报表却显示亏损了，钱到哪里去了呢？答案是利润主要消耗在无效的商品和无效的开店动作上。无效的开店动作无疑增加了营销费用；质量问题和商品流转问题，也导致了大量的库存，仅南方区域的库存就多达六万多件；供应链的问题，也导致大量的面料库存。

库存问题几乎是所有服装经营者都会面临的难题，是服装业的痼疾。这个问题在片断尤为突出，到了非解决不可的地步。

王有川现在还记得当时蒋永青生气的情景："她拉着我的手说，你来看看，你来看看。库房中，一整个货架没有开封过的各色面料。我们按二十多块钱每平方米购买，卖的时候却是按十几块钱一公斤，有的甚至是按吨卖出的。"

谷卫兵当时正好参与处理库存面料，他感觉特别困惑："以棉麻为主的面料，如果时间放得太长就会变色变质，不能使用了。但库房比较小，只有把库存面料处理掉，才能购买新的面料。"同时，成衣仓的货架上塞满了往季的商品，有些来不及整理，随意堆放在地上。理货员要想找一件顾客要的衣服，只能是大海捞针了，即便是近在眼前，恐怕也很难找到。

去成衣库存与去面料库存几乎同一时间提上了议程。2012 年，他们制定了翔实可行的去库存方案。库存变现成为商品部的很重要的一件大事。依然是"专业人做专业事"的原则，这个重任最终落在了刘永梅的肩上。

刘永梅，现为商品经理，在 2008 年北京奥运会前夕加入青青服饰。蒋永青视她如亲妹妹，信任她，包容她。2011 年 4 月，蒋永青对她说："片断女装是青青服饰的孩子，目前在商品方面比较欠缺，我想让你转到片断。"面对库房几万件的库存货品，刘永梅没有害怕，因为刘永梅在做秋水伊人代理时就担任商品经理，面对这个库存数已经习惯了。

有一次在南方开订货会筹备会议，会议结束后，刘永梅小声地和蒋永青说："蒋姐，我想接手片断全国的商品，你看可以吗？"就在当天晚上准备休息的时候，蒋永青找她说："永梅，聊五毛钱的呗！"当晚她们聊了很多，其实当初说出那句话，刘永梅也不清楚之后要怎么做，脑子是空白的，但是开弓哪有回头箭？2013年下半年，刘永梅正式接手片断的全国商品。

刘永梅感触最深的是片断家人的无私帮助和"利他"的情怀。她在杭州待了将近一个月，正巧赶上孩子放暑假在家没人照顾，刘永梅很想家。"兵哥、张姐、魏奶奶（魏良钦）等给了我无微不至的帮助和支持。像我们日常的沟通，很少直呼对方的姓名，都以'家人'彼此称呼，外人不理解，但是我们心里明白，只有家人才能更加包容，更加融洽，才能在吵吵闹闹中享受幸福与和睦！"

当时库存压力特别大，在发起北京清库存的攻坚战役时，百荣世贸商城的特卖会让很多参与者至今记忆犹新。刘永梅回忆："为了处理库存，大家在百荣一楼做特卖。总代理、所有大区经理、商品主管包括我都来到了现场。几个大区经理都拿着衣服站在门口喊宾，我们在里面卖货。因为衣服价格优惠，顾客都是三五成群，五件十件地买，送亲戚，送朋友。我们都忙得不亦乐乎，几天下来大家都感觉直不起腰来，嗓子都喊哑了。但是每卖出去一件我们都特别开心，觉得库存压力又减轻了一点，回笼的现金让人无比喜悦。"

刘永梅出任商品经理后，做了几场特卖，彻底打了一个翻身仗，减掉大量的库存商品，回收几百万元现金。2011年下半年库存就清得差不多了，剩下的也做了尾货处理。2012年，片断在几个城市的城乡接合部开了工厂店。工厂店因为没有任何中间环节，只有房租与人员工资，价格接近于生产成本，所以很受消费者欢迎。

同时，堆在仓库中的陈旧面料也开始处理。经过几次处理，库存面料也减少了。腾出的库房不能再走胡乱堆放的老路，那么库房应该如何改造？如何增加库存商品流转率？所有的人都没有经验可供借鉴。

在杭州发起的库房改造项目，加大库房面积，调整货架及动线，让进出仓、存货、分货更加合理，这只是提升物流效率的第一步。库房改造看起来很简单，但是它是流程里很重要的环节，如果库房做得不好，每增加一天物流时间，就减少一天商品的流转时间。从货架的摆放，到如何装箱存放，如何快速取货，如何快速发包，这些流程和具体的操作都要优化调整。

2012 年 6 月，王有川从广州请来库房专家对大家进行培训，接着带大家到三彩品牌的库房去考察，然后招标供应商，更换南方和北方库房的货架：货架的尺寸和承重、每层是多少厘米、纸箱的大小、每个架子上放多少货品、需要多少面积的库房，才能满足片断旺季时商品的合理运转……招标确认后，王有川还特意跑到位于浙江诸暨的加工厂，检查生产线上正在生产的货架，包括生产设备、用料、尺寸等。

以前的衣服一堆一堆散放着，占地面积大。后来改用周转箱按款式摆放，一个款式一箱，尽管箱子不满，但是好找货，可以加快理货的速度。仅加了纸箱一个动作，虽然增加了成本，一个纸箱十块钱，但使得原来占用面积又找不着货的情况得以改观，库存周转速度也提升了，库房存放总量提升三四成，保证通过一个总仓向各区域公司发货，减少分仓的压力，也为片断后面的物流改革开了一个头。

改变发货流程。最关键的是调整了发货路径，从公司直接发货，减少中间环节，时间运费都相对降低了，效率自然有了提高，由此建立的信心更为重要。

之前都是由杭州生产，商品发往北京，再由北京发往山东、河南、山西等地。从库房改造开始，物流发货的流程也改变了，拿河南举例，由杭州直接发往郑州，郑州变成了物流节点，再由郑州发往河南的每个店铺。

实现减少库存的目标和其他的措施相比显得姗姗来迟，操作起来也不是一帆风顺的，在部门之间的利益平衡上，也曾发生过一些分歧。

因为流程的改变，组织结构也一再调整，商品部从营销中心分离独立出来之后，职能上讲商品部服务于营销中心，但两个部门考核标准是不同的。同一件事情，站在商品部和站在营销中心的角度去考虑，结果很不一样。例如订货会制定订货指标，从商品部角度考虑应该尽量少订货尽量减少库存，而营销团队则认为应该让客户多订货，好完成销售指标。当时刚开始推行销售大区独立核算制，多数“阿米巴长”（部门或流程节点负责人）误以为只要经营好自己的一部分就算是实践了阿米巴经营的精髓。其实是远远不够的，由此还产生了大量的资源浪费。

面对大量类似的纷扰困惑，王有川带领团队开始学习艾利·高德拉特博士的约束理论（TOC）。慢慢明白“去库存”是一个系统工程，不仅是与订货、补货、调货的环节有关，控制好供应链环节才是核心。

定价定天下

定价关乎经营的死活。在制定价格时，是薄利多销还是厚利少销，可以说定价有无数种选择。

决定了一定的利润率后，销售量能达到多少，能创造多少利润，预测非常困难。

经营者必须在正确认识自己产品价值的基础上，找到销售量与利润率的乘积的最大点。而且这一点必须是客户和京瓷双方都乐于接受的价格。

为了找出这个点，定价时必须深思熟虑。

（摘自《京瓷哲学：人生与经营的原点》，东方出版社）

【在订货会上，有时会出现短连衣裙比同款长连衣裙还要贵的情况，为什么？这是很多客户所不能理解的，不符合大家的常识认知。定价是服装企业的命脉，不仅关乎商品的成败，更关乎品牌商与经销商的生死存亡。】

服装行业的传统定价模式是成本定价，即生产成本乘以固定倍率，现在依然是很多企业主要的定价模式。最初片断也是这样定价的，只不过他们增加了一个反向定价的环节，即根据终端能够接受的价格，以及市场有竞争力的价格，重新估算一个定价，然后结合两者的结果做平衡，根据整体的商品结构，预算一季货品综合的毛利水平。

2010 年第一次做定价时，王有川并不知道市场上服装的价格是多少倍率乘出来的。这属于行业机密，一般是不会说的，但是他们有独特的优势，蒋永青人缘好，朋友很多，能找到这个行业中很多的专家，逐一去请教。

他们发现加价倍率从 3 倍多到 8 倍多都有。片断到底该定多少呢？因为几乎没有市场定价能力，只好将就现在的定价水平与成本水平选了一个比较折中的价格，将商品销售的吊牌价最终确定下来。但商品的价格不止一个，吊牌价的背后还有折扣价，各种促销活动之后的实际成交价；还有批发价，经销商拿到的价格；还有出厂价，就是内部核算用的价格，用于商品调拨、内部结算、计算激励……

这一组定价关系，跟企业的竞争战略和渠道战略是相关的，定价决策是战略决策，而不仅仅是销售总监或财务经理应该负责的，也是一把手最重要的工作。

王有川在脑海中不断地预想：顾客从其他品牌门店逛到片断时的反应，订货会时零售商与大区经理就市场政策讨价还价的情形……经过内心多次的平衡和较量，一组数据慢慢地清晰起来，不知不觉已经到了黄昏，他侧头看着晚霞，做了最终的决定：要坚持做质优价廉的商品，在产品能力和终端能力上都不够强，只有最大限度地激发渠道和营销人员的积极性，才能逐渐积攒力量，走向成功。

这时，吊牌价、批发价、出厂价（内部结算价）逐渐明晰起来，有了这几个价格，各自找到了充分的盈利空间，零售客户脸上出现了满意的神情；大区经理和销售总监踌躇满志，准备大干一场；终端能力强的客户敢于在订货会上下更多的订单，能力稍弱的客户在区域经理的指引下，也不会因为盲目跟单造成大量的积压。

用各大区经理代替省代，基于出厂价和批发价之间的空间，大区经理可以根据客户的条件和自己的发展计划来调整政策。按照出厂价与总部进行结算，如有利润，营销中心、大区经理按照比例分红，大家自然也会考虑控制营销费用。

在计算定价时要考虑按照多少折扣，加盟商能比以前销售得更好，更有利润。所以定价要有相当大的市场意识，而不是甲方的一厢情愿。他们认真算过，加盟商在定价四二折的基础上能够赚到钱，如果按出厂价计算，各大区也都能有利润。这样各大区就可以放出激励政策了，即拿出 15% 进行分配，10% 进大区，5% 作为营销后台的费用和奖励。

因为奖励机制简单易行，销售大区和加盟商各自找到了自己的价值段，所以那时候大区特别愿意下去帮助加盟商冲业绩，因为业绩上去了，大家都有奖金。

这样的定价系统是努力做到上下同欲，而不是相互交易，相互制约，所以说“定价为经营之本。制定价格是领导的职责，价格应制定在顾客乐于接受、公司能够盈利的交汇点上”。现在大多数企业都没有去认真地核算他们的命脉——定价。很多企业的老总每天忙很多事情，其实定价才是最要命的事情。日常经营的事情有经理人去做，但定战略、定价、定销售政策，这些影响到企业生死的大事一定要亲自去抓。

在新产品上市和企业转型的时候，定价是一个最重要的决策。定价是在选择发展空间，是一个战略选择。企业没有盈利空间，怎么做也是亏损。正因为毛利空间不够，企业不敢用人，研发、管理人员的薪酬都不高，必然会缺乏人才。选择什么定价？是高毛利还是低毛利，取决于资源是不是匹配，取决于价值链资源，取决于企业家的价值观。如果研发能力强，做出有竞争力的产品当然可以选择高毛利。

顾客对于一件服装的价格是敏感的，对于企业来说，定价是一个复杂的系统工程。服装的成本核算，直接成本是面辅料采购和加工费，而间接成本是仓储、物流、生产、办公等产生的费用。因为很多费用难以搞清，所以一开始片断也算不准。中国服装企业通行的做法是加一个固定的管理费，如每件加 10 元、15 元。这样做的问题比较严重，一旦管理费是固定金额而不是比率，容易导致小件低价的货品零售价过高，市场上竞争力不强进而影响销售。包装成本也是一样，在加价前核算和加价后核算都会造成偏差。

“算对”只是第一步，“算得准”才是关键。加工费的核算也比较难以精确化，片断较早采取了“工分工价法”。

什么叫“工分工价法”呢？就是把衣服的前身、后身、上袖、领子等，所有的工艺都拆解为工序。一个工序找一个人缝制，然后计时间，看用多少工时。这样一件衣服，一个熟练的制衣工合计要用多少时间，一天可以做出几件这样的衣服，就能核算出他的工资。比如一个工人当时月薪是 3000 元，一天能缝制 30 件，总工价就是

10 元。再加上管理成本，片断当时按 1.8 倍核算，也就是算上管理成本与损耗，如果算出来的工价是 10 元，发包工价就是 18 元，非常准确。

“后来发生过这样的情况，有的厂长说，你们的活我们怎么干都不挣钱。我们可以理直气壮地告诉他，我们给出的价格，如果你不挣钱是你的管理水平差，要么就是工人的工资给高了，要么就是你管理的人员太多了，给你的 1.8 倍肯定够了。之前可是没有这个自信的。这里将难易程度平衡了，复杂的单子也有加工厂愿意接。后来又根据加工量和订单时间增加了一个系数，把小单和快返单的问题也解决了。”王有川笑着说。

当时为了解决工价的问题，他们引进了杭州服装界比较牛的技术总监，告诉他们应该用“工分工价法”核算。为了使“工分工价法”执行得更到位，他们引进了一位经验丰富的外发经理，也就是现任产品供应链生产一部的负责人张仲兰。

作为张仲兰加入片断的一个小考题，也是片断亟须解决的重大问题，张书颜拿一条裤子问她，这条加工费多少钱？她说 12 块钱左右。张仲兰的报价与工分工价法核算出来的仅差 7 角钱，可见专业性有多重要。

按“工分工价法”核算，外发价格就有了依据。为了验证测算与实际到底有多大的差距，片断常派人去同行企业学习，了解采取工分工价法核算的公司和加工厂，看同样的衣服别人做出来是什么数据，通过这样深度的交流与学习，来验证他们的方法是否准确。

谷卫兵还通过准确核算用料，改变了毛估的现状，把每一件的单耗，由样衣组长用 CAD 排，单件用多少料非常准确。现在把核料环节放在订货会之前，用料计划的准确率从 50% 提升到 95%。

片断女装实行全流程参与的核价体系，各部门参与定价，市场定价大家凭眼光去看。终端环节很重要，横向比较，纵向比较，还要穿起来比较。终端心目中的价格与按成本定出来的价格总是不一致，有时候嫌贵，有时候还嫌便宜了。市场人员天天与商品打交道，凭多年卖货的经验一眼就能说出这件衣服多少钱能卖。

成本也是准确的，以前不准导致了吊牌价特别不靠谱。这要得利于增加了一个计划部，以前都是采购部自己算的。面料的价格按调样的价格进行测算，先谈大货价，所有的东西都是往前走的，走在订货会之前。订货价与之前测算出来的价格相差不会很大，不超过一块钱，使得成本定价法相对来说比较准确。以前在成本定价法与市场定价法的一次次博弈中，每次都会争吵得面红耳赤，慢慢这两个价格就走得比较近了。

张书颜经历了从青青服饰的市场导向定价，后来的谷卫兵所说的毛估成本定价，再到现在还在使用的双轮定价："在起初整个定价体系比较混乱的状态下，实际的情况比较糟糕，糟就糟在按照倍率直接乘出来之后，如果觉得价格高就拼命地往下拉，甚至有时连管理费都不要了，做一件亏一件。后来这种情况再也没有发生过。"

从随意到科学的定价，再一次感受到"让专业的人做专业事"有多重要。片断女装通过"双轮驱动定价法"（两轮是指"定的对"与"核的准"），比单一的成本定价有更强的市场竞争力，也更有市场激励效果。

定价定天下，王有川给片断开具的回归原点的第一味药起效了！

回到原点

我们往往有一种倾向，就是把事情考虑得过于复杂。但是，为了把握事物的本质，有必要把复杂现象简单化。把事情看得越简单，就越接近事物的本来面目，也就是说，越接近真理。

例如，看起来很复杂的经营，说到底，只不过是彻底追求“销售最大化和经费最小化”这样一个简单的原则而已。京瓷的“单位时间核算制度”，其基础就是“把事情简单化”这种思维方式。

尽力去把复杂现象简单化，这种思维方式，这一考虑问题的出发点非常重要。

（摘自《京瓷哲学：人生与经营的原点》，东方出版社）

【回到原点是企业经营最本质的思考。企业经营的原点无非是两个：一个是不断做出符合用户需求的质优价廉的产品；一个是不断优化管理提高效率，没有什么秘诀。】

面对纷繁复杂的经营管理，尤其是一些棘手的、一时理不出头绪的问题，企业家与高管往往会生出诸多烦恼。稻盛先生在解决这个问题时，有很经典的一句话，叫作“没有感性的烦恼”。

王有川在片断也遇到过几乎所有企业都会直面的问题，譬如砍省代、砍工厂、调团队、定价格等。看似不相关联的一个个举措与方法，背后都有一个原理作为支撑。

这个原理就是回到原点。

什么是企业经营的原点？德鲁克是有表述的。企业无非是做两件事情：第一是满足用户，创造价值；第二是提高效率。

永远要站在原点上思考，不要在细枝末节上思考。一旦统一到财务语言，是结果思维，数字思维，先把理性的思维建立起来，就没有感性的烦恼。原来发展省代的时候都是靠情感链接，产品不咋样，不去优化产品，一切都靠情感链接，最后就会被情感所捆绑吧。

很多企业家不敢迈出“省代”这个舒适区的关键，放弃所谓行规和经验的依赖，以效率最大化的决策机制，最大的挑战来自组织和人才的挑战，也极大地增加了管理难度。

张书颜和绝大多数企业家一样，基于什么角度管理企业和思考问题的呢？基于行规，基于习惯，基于经验，而王有川考虑的是“用户”和“效率”才是企业经营的原点。企业的所有行为要围绕“为最终用户提供好的产品”和“如何不断提高管理效率”来经营决策。

因为看不到才有顾虑，看到了就没有顾虑了，降速度，增毛利，调团队是那时非常清楚的战略。当时因为企业能力差，品牌没有建立起来，企业对于个别代理商，个别“能人”依赖还是很大的，王有川不喜欢这种被动的局面，他认为企业的核心是品牌，是系统，应该花时间和钱在这些地方，而不是去用情感维系重要的关系，要做能掌握自己命运的好企业，好的企业对供应商、对客户、对个别人，不应该有那么大的依赖。

很多企业在经营的时候，没有回到原点，很多企业家的关注点不是去建立系统，所以对于渠道或者关键技术人才非常依赖。一些服装企业对于某一个核心技术人员，比如研发总监、生产总监过分依赖的例子很多，老板想各种各样的办法将他们与自己捆绑在一起。这是系统缺乏建设的典型结果。

企业有了系统，才会进入良性的循环。什么是企业的系统？基础的就是流程、方法和标准，先进的企业会更在乎信息化和数据沉淀，在一切都很开放很透明的情况下，每个岗位换个人还是一样的，因为整个系统会自行地运转和修正，而减少人为的偏差。

很多企业没有回到原点，没有关注建立品牌和管理系统，对关系过度依赖，导致人走场散。企业要想长远发展下去，必须去除赘肉。对于企业来说，卖不出去的库存和闲置的设备就是赘肉，要使多余的资产彻底减少，并对所有有效资产加以利用，这样公司才能永续经营发展。他们的这一决策，符合在企业哲学手册中让每一个员工都诵读的“筋肉坚实的经营原则”。

回到原点，思考如何在经营管理上精益求精，以持续的改进精神，持之以恒的创新，用“良衣精诚”的精耕细作，制作出天衣无缝的良品。

回到原点，果断决策，精益求精的管理，持续的经营改进，真正意义上从满足消费者需要的立场着想，实现的手段则是持之以恒的创新，用大业精诚的精神精细制作出质优价廉的优品。

这些实践出来的一些有效做法，来自片断女装持续的对于商业模式最本质的思考，也是片断女装起死回生的秘诀。

统一财务语言

京瓷自创建以来，所有的事情都是在遵循原理原则的前提下做出决断的。公司的经营应该合乎情理，遵循道德。否则，经营就不可能顺利进行，更不可能长期发展。

我们并不依赖所谓的经营常识。比如说，“因为一般的公司都这样做，所以……”我们不会依据这类常识做出轻率的判断。

无论是组织、财务还是利润的分配，如果认识到事情本来应该怎样，以事物的本质为依据做出判断，那么，即使是在国外，即使面对至今未曾遇到过的新的经济状况，判断也不会失误。

（摘自《京瓷哲学：人生与经营的原点》，东方出版社）

【因为所有人都没有“以终为始”的观念，计划会议的现场气氛尽管异常热烈，但是大家都在说具体的事，什么计划、什么指标的根本落实不下去。大家为了指标的高低吵得不可开交。只是大家不知道：基于什么来做这个事情？一年应该做多少？怎么做？该花多少？该赚多少？解决这些问题，必须导入预算体系。】

财务管理水平的提升，与企业的发展相生相长。回顾青青服饰的发展历程，也能看到中国服装行业发展的缩影。2000 年左右，主要以档口批发业务为主，蒋永青以敏锐的商业嗅觉，赶上中国服装行业第一波品牌化发展的大潮，一度拿下杭派女装近二十个品牌华北区总代理的经营权。

在刚刚品牌化的年代，女装市场呈现出供不应求的火爆局面，谁掌控货源谁就掌控市场。但是代理业务的发展受制于品牌商的营销政策，居安思危，在代理业务一片大好时，蒋永青并不安于现状，于 2007 年启动了自有品牌片断业务，形成“公司代理业务和自有品牌业务共同发展”的格局。

公司管理与业务发展互相促进，早期实际是以个体工商户形态经营，不需要太复杂的所谓财务管理，管好库存，弄清楚收支账即可。从档口批发业务向区域总代业务转型的过程，也就是从个体工商户向公司化转型的过程，因多品牌代理业务，其间上游涉及多个品牌（厂家），下游分别有各品牌分布在不同地区的加盟商客户，因此分品牌、分部门、分客户的财务核算方式显得尤为必要，也就是公司化管理。代理业务和自有品牌业务并行发展，其实就是公司化向集团化迈进的过程，无论是对经营管理还是财务管理都提出了更高的要求。

一直以来，青青服饰和绝大多数民营企业一样，业务居于公司首位，后台管理在一定程度上只是附属于业务发展。但随着业务规模的扩大和外部环境的变化，公司越来越重视后台管理能力的建设，业务创新和管理升级已成为公司的重点工作。

业务预算不准，是营销工作的巨大障碍，不加以克服，随着时间的推移会严重制约公司的发展。业务部门年度只有描述性的计划书，有销售业绩指标、营销数据，但没有具体的做法，更没有预算，花多少钱不知道，能赚多少钱也不知道，也不懂预算是什么。

张书颜费尽心力做出的第一份计划书呈给王有川时，他只给了一句评价："这是什么呀？"她笑着回忆说："王总第一次看我们的预算，愁容满面，我说这是我们做的计划啊！我们做了好几年了。我当时挺骄傲的，在动物园批发市场别人家都没做，只有我们做了，我们挺超前的。他说，你这几千万怎么来的？我就说我们怎么干怎么干，然后描述一堆。"

王有川想要的是这个企业一年后报表呈现的应该是什么，而张书颜她们脑子里都是事儿：在哪儿开什么店？谁是他们最重要的合作伙伴？等等。为了完善计划书，张书颜特意召开了一个骨干参加的会议，怎么完善计划书？商讨的结果，自然是没有结果。因为当时所有人都没有"以终为始"的观念。

从读懂损益表，到树立"以终为始"的观念，在每年的年初，想要呈现的结果就要想清楚。把下一年想做的关键动作，还原到甘特图上，标出时间。一个动作要花多少钱，再把全年的动作还原为一张预算表。

预算也是从甘特图开始的。因为预算要还原为关键动作，他们只有简单的激情和斗志，但缺乏策略。

王有川教大家如何用甘特图来管理订货会。一张图，各个小组的工作任务分配好，大家开会形成一个总表，每人一份，各司其职，每个时间点，大家该干啥丝毫不乱。现在集团公司各个部门长都能做订货会的总指挥。

财务三大报表（损益表、资产负债表与现金流量表）长啥样？

里面有哪些数据？这些数据包含什么？数字是怎么填进去的？讲完财务报表，讲甘特图。用甘特图做计划，今年完成这些指标要有哪些关键动作？这个动作要描述它是什么，它在几月份发生，大概要花多少钱，挣的钱够不够。每个板块都自己算。

这些基础知识培训，王有川在杭州和北京各讲了一场。这是一开始的培训，超初级。就这最初级的知识他们还是听不懂，讲了一遍又一遍。怎么会懂呢？因为干部之前都没接触过管理，每月的例会，每一次会议都再三强调，拿报表，先说数据，再说事。头半年计划和预算基本没靠谱过，干部们不习惯用数据说话，上来都是说事儿。用了很长时间才真正扭转。

再有数字与数字之间的算法缺乏逻辑，彼此不嵌套，也不知道是怎么算出来的。因为算法不对，结果不可能对。王有川只好手把手教，有时开会，开着开着就停下来，教大家这个算法是怎么回事。现场打开 Excel 表，一个公式一个公式地打开看是怎么套的，数字和数字之间是怎么关联的。头两年月例会，王有川一次都没缺席。只要他不来，数字就算不准。就这样，通过手把手的带教，从零售开始，到开店，再到预算、计划，等等。用了大概两三年的时间，才帮助大家树立了为什么要做战略计划，如何做计划、预算等一整套规范的工作流程。现在大家对日常工作都已经非常熟练，仿佛就是天经地义的，但是回过头去看，这个蜕变的过程是多么的艰苦和烦琐！经过两年的学习实践，员工逐渐养成了预算习惯。

王有川对于上述问题有一段精辟的论述，值得遇到相同问题的企业家和管理人员参考：“一个经营者启动企业改革的基本动作，一是节支，‘紧螺丝’，即降成本、砍冗员、砍不必要的费用；二是增收，这个要比节支难一点，通过直接涨价或隐性涨价，通过减少流通环节或优化渠道质量把销售抓上去；三是建系统，包括重新梳理流程，架构组织，明确岗位分工和员工任职能力，建立优胜劣汰机制，建立明确的奖罚机制，并不断地强化这些要求让员工明白你要什么，组织才能够良性运转起来。其中定价、流程再造、确权与授权，都要在财务核算的基础上，先把关键指标对准了，才能激励。计划和预算机制是把‘以财务结果为导向’作为统一语言和思维，贯穿到整个企业所有的运转中去，最重要的手段。那时的片断还处于比较初级的状态，尽管已经确立了财务目标，也有了核算工具，但还是要通过不断的实施和执行，只有一把手持续地推动，经营成果才能显现。”

直到财务总监唐文伟入职时，参加北方营销中心的一个会议，看到他们做的年度预算，也同样大吃一惊：“你们这是在做经营计划，不是在做预算。”

北方的财务基础更差，唐文伟很快发现问题的关键是没有抓手，直营业务应该以店铺为抓手。于是梳理流程，核算精细化，从业务流程导出核算流程，统一业务流程，统一财务语言，达到“财务业务一体化”管理。

在平衡业务发展和公司管控过程中，重点在于如何平衡经营和财务。在业务快速发展时，不脱离于财务目标和公司管控。在此过程中，经营与财务产生过很多冲突，尤其是营销与财务在审批环节矛盾突出，常常须公司领导出面协调解决。越是发展初期这种矛盾越突出，因为业务人员急于发展业务，而财务人员又担心把关不严给公司带来损失，但到底怎么把控其实当时是没有明确的标准的，比如特卖人员工资发放、加盟商政策、店铺装修成本、促销方案等这些事项的审批。当时基本都是一事一议，营销和财务来回沟通多次也解决不了，审批效率极低，最后几乎都会反映在公司层面来解决。

在协调处理这样的矛盾过程中，单从经营和财务各自的角度去看，其实大家都做得很好，都非常认真负责。既然大家都做得很好，那为什么还会出现矛盾和冲突呢？主要是各自的出发点不一样，目标不统一。所以统一财务语言和统一目标（结果导向）是解决此类矛盾所采取的主要方法。

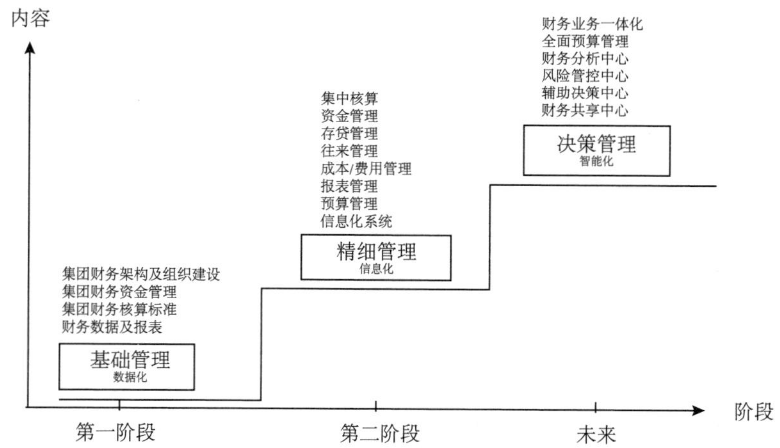

集团财务总体规划与分步实施路径

【统一财务语言】工作实际上需要从两个方面展开。一是财务本身需要统一。公司业务分布在南北两地，财务人员的从业经验不一，在同一问题的处理上往往方式方法不尽统一。要解决财务语言统一的问题，主要是统一规划财务发展和实施路径，以及给予财务人员统一的方法和工具。

集团财务规划和实施路径总体上分为三个阶段：第一阶段以财务基础管理为主，着重于资金管理和财务核算，实现财务管理数据化；第二阶段以财务精细管理为重点，主抓信息化和预算管理，实现信息化管理；第三阶段的重心在决策管理，通过信息化实现财务业务一体化和相关数据分析，实现智能化管理。

规划出财务建设路径仅仅是第一步，这样一个系统工程必须系统化解决，要将其落地必须遵循项目实施方法论，解决“人、方法、工具”一系列问题，在“总体规划”下开展“分步实施”工作。

最开始是解决人的问题，搭建了“集团化”财务组织架构，根据公司代理和自有品牌业务，把财务团队分为南、北两大部分，南方片断体系以自有品牌为主，北方青青体系以代理业务为主。基于南、北业务特点不同，开展有针对性的财务培训，即给予团队“方法”，通过对全流程梳理，定义出规范的核算方法以统一财务标准。在“人”“方法”都基本解决的情况下，给予相应的“工具”——财务信息化系统。业务软件和财务软件打通实现财务业务数据一体化，自此在财务内部才真正实现语言统一，财务日常管理工作才步入正轨。

“统一财务语言”的另一项核心工作，就是让业务和财务用同一种“语言”交流，实现财务与业务纵向贯通和横向协同，即“财务业务一体化”。

在实际推行过程中，需要花费大量的工夫。对业务人员以“总裁培训班”（针对公司级高管和各部门长）、“创客训练营”（针对业务创新)、“合伙人训练营”(针对区域及门店等基层干部),开展了多期管理工具与财务知识的培训,业务干部对财务核算和财务报表已有了深入了解。

对于财务人员,公司专门以此为主题举办了为期三天的培训会,教会财务人员如何从“五流”——“业务流、实物流、资金流、单据流、数据流”把握和分析业务,以便于更好地服务和管控业务。通过“财务业务一体化”的导入,业务和财务的沟通实现基本同频,工作的开展也更顺畅、高效。

【以结果为导向】解决财务与业务之间的“分歧”,除合理授权、规范制度流程外,一个很重要的任务就是统一目标,让大家的出发点都统一到公司总体目标上来,以“结果为导向”大家才能凝聚共识。

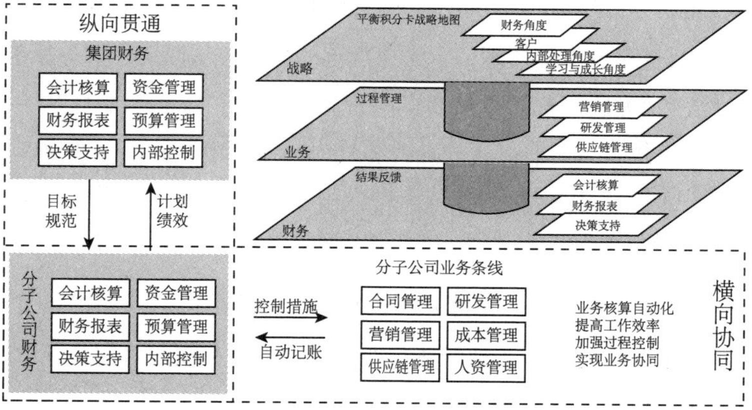

财务业务一体化管理模型

实施以结果为导向最好的方法之一就是推行“全面预算管理”。全面预算管理能很好地打通战略与经营，很容易统一大家的目标，同时借助于“财务业务一体化”让大家统一了“财务语言”。

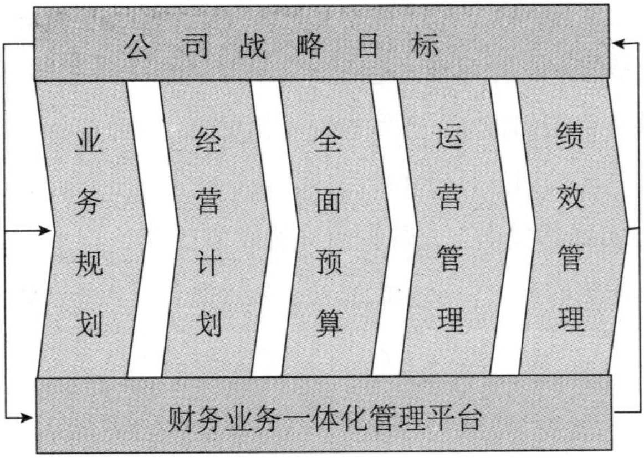

全面预算管理打通战略与经营

全面预算管理可谓是一项大工程。刚开始推行预算管理，由于各管理和业务中心对预算没有概念，主要采用“自上而下”的方法。总体目标由公司确定，然后自上而下进行分解，各二级单位（部门）根据公司分解的指标，在本单位（部门）内自行编制或二次下达。下级单位编制好的预算再统一提交到总部，由总部确认后下达实施。

在各经营单元对预算管理有一定基础后，逐步采用“自下而上”的编制原则，由下属各经营单元先编制自己的预算，再统一提交公司汇总确定年度目标。在此过程中，随着编制、汇总、指标下达等过程，实际已经完成“上下结合”的预算管理流程。在每年的编制过程中，公司总部和各经营单元，往往有多次往复的“几上几下”的过程，最终才能确定年度目标。

在预算管理过程中，公司财务部作为牵头部门，统一方法、报表模板、审批流程等，让大家对预算管理有基本的了解和认识，并逐步培养大家的工作习惯。通过多年预算管理的实施，各经营单元对各自业务已了如指掌，预算编制工作更快、更准了。原来的年度预算要在当年的四五月份才能完成，现在在上年底就已经确定。过去预算与实际偏差很大，现在预算达成率在90%以上。公司全员解读财务报表的能力得以全面提升，大大提升了业务发展和公司管理水平。

授权背后的核算机制

经营企业，不能只看月底做出的核算表。月度核算表是细小数字的累积，是根据每天的销售额和经费的累计计算出来的。我们必须意识到一个月的核算结果是每天核算的积累。在经营中，如果不看每一天的数字，就像不看仪表盘驾驶飞机一样，不知道飞机飞往何处，在哪里着陆。同样，不看每天的经营数字，就不可能达成经营目标。

不可忘记，核算表是每一个人、每一天的工作积累的结果。

（摘自《京瓷哲学：人生与经营的原点》，东方出版社）

【在企业经营管理的过程中，科学的授权机制能够帮助企业取得良好的经营成果。直营部怎么算都不赚钱，赚不到钱就分不到红，掉入恶性循环中，他们找到了一个最重要的原因，就是商品减值的问题。这是青青服饰一个历史遗留的特别难题。】

以往的习惯，青青服饰都是两年或者两年半才能分红的。因为涉及库存，通过两年多把上一季的库存卖完了，才能回过来算出能拿多少钱，因此给大家感觉分红遥遥无期。分红制度本来是一个正向激励的制度，因为核算时间特别长，大家对公司的信任度大大下降，变成了负向。

青青服饰原来的体系是怎么算商品减值呢？一次性计入。理论上讲当年摊入没有利润，但以后再卖的话，再计算收入也有利润，但销售是增长的，可是要不断开新店，再进货，所以怎么算都没有利润，除非保持原有的店面，不再发展新店。

何谓商品减值？服装作为一种特殊的商品，按照标准的财务报表要求，到年底，叫作库存商品。按照片断原先的计算方法，库存商品是有价值的（按照直接成本），如果只计算那些卖掉的商品，看起来账表是有利润的，但是没有钱，一屋子货，账面上表现为100万元。如果按库存处理变现30万元，那70万元的账表利润就蒸发了，但是发奖金可是按照100万元来核算的。所以说，如果不计算商品减值，就会出现问题。

这也是张书颜来到杭州片断女装后决心要改变的。后来片断改为全额计算商品成本，走向了另一个极端，即商品一到店就全额扣减成本，不管卖掉多少。这种计算方式怎么可能挣钱呢？今天开一个店，明天开三个店，这些店的商品全部进过来，全部表现为成本，只要继续开店就要不断地进货，所以干得越多账表负利润越多。经营者看到这么多负数内心很委屈，为了公司发展开了很多店，算到年底怎么都是负的？积极性受到挫伤，所以商品成本的核算是病根。

学习了史永祥先生的YTT课程，从两年的核算周期变成一个自然年的核算周期。这一机制的改变，对于片断的发展至关重要。合理地计算商品减值速度，即商品减值预提，片断采用的是按照18个月非匀速计算预提。非匀速预提，意味着一件衣服从春天拿出来到明年的秋天，才全部减持为零。前 9 个月减值要快些，尽量在明年秋天之前卖掉。这样的做法还原了商品实际的价值。

针对片断发展的实际情况，他们决定各个区里如果有利润就可以分红。事实上，第一、第二年都分不到红。因为不断地在开新店，意味着增加投入，增加了商品，增加了装修费用，所以怎么算都不赚钱，干得越多，费用越大。没有激励，就没有动力。

自然年做报表完整地呈现了年初确定好的算法，免得年底因为货没有出完算不清楚，连续三年大家都没有发奖金。采用快速决算的方式，当年北方营销板块发了 28 万元的奖金。这在片断历史上还是破天荒第一次。

片断的业务快速上升，内部一些矛盾也冒了出来。虽然营销部门每月月初都会做费用预算，难免会有一些特殊费用没法提前做到预算里。为避免一放就乱，对于边界的界定还是很有必要的。

一次特卖小时工的工资是 1040 元，代福顺同意下发。流程走完，人资备案，但财务不给钱，说王总没有批准不能下发。但是代福顺是有诺必现的，特卖场撤完三天内给人结工资，那天正好是第三天。这不光是钱的事儿，还牵涉企业信誉，如果拖欠工资的名声出去，特卖以后还咋干？代福顺说，这工资必须给人家支付，就 1000 多块钱，我自己贴。财务经理说，不行，你还得给王总打电话。没办法，代福顺给王有川打了电话。“王总说这事儿你定就行了。事儿不大也解决了，但感觉特别郁闷，这种压抑还不同于工作的压力。不是说我要追求权力，而是在业务发展到一定阶段的时候要给我一定的权限。这就相当于在你加油的时候，有人非让你踩刹车，你说憋不憋火。那时外面的诱惑也挺大的。想走又舍不得，毕竟带了一年多的团队，理顺了市场，老板也很好，可外面抛来更大的‘绣球’，我也在犹豫折磨中。”

关于财务授权，要么没有授权，要么授权过度，永远是个两难之事。这件事发生在授权成长过程中，最早授权代福顺的额度只有两千元，再到五千元，后来到五万元，现在几十万上百万元都可以进行批复了。这是授权递增的过程。有所控制也是为了解跟进工作。当时代福顺没有那么大的权限，所以财务经理的处理也是对的。但是也反映出一个问题，通常财务人员都在后台，没有更多地参与业务，只是作为一个“刹车”和风险控制的角色，所以那时财务的意识就是尽量少让业务人员有权限，把权限集中在老板那儿更安全。

经过业务快速发展，管理幅度加大，管理者承担的角色、责任与权力不对等，必然带来内部对接沟通的成本加大，经营范围内的正常开支因为权限的不清晰，财务都会严格要求业务走审批流程，营销总监签批，还要总经理批准。审批时限长、反应不及时，必然给业务部门带来很多困扰。有时也会因为手续不到位，业务同意当天付的款项，财务因没看到总经理的批示而不执行。因为这样的审批流程很多，管理者感觉很麻烦，宁愿多一事不如少一事，降低了工作的热情。

计划不前置、流程不清晰、授权不明确，都会导致财务和业务互相不理解和发生不必要的争执，财务站在财务的角度行使内部监管流程，业务以业务发展的角度采取行动，经常出现财务和业务不在一个频道上，而产生大量的沟通成本和精力消耗。

后来的授权是计划和预算范围内，大事上决策委员会，小事部门长说了算，没有具体的金额限制，授权非常充分。当然后来不断增加了合同备案、公开招标制度、价格透明制度等，在决策上放权，在流程上监管。

随着公司快速发展，战略方向明确，管理者适应放权，逐步完善制度和流程，全公司实行全面预算管理，每年10月份就开始召集下一年的年度计划和年度预算会议，会按预算机制一步一步实施，确认下一年的整体计划和预算。在实际经营年，每月各部门会采取滚动预算与年初预算相结合，对各部门预算进行再次复盘和实际情况调整，总指标不变，分指标会根据实际情况进行微调，财务审核汇编提报决策委员会审批，审批后的预算，在业务实际申请时，经各部门负责人批准，财务负责人审核后即可安排款项支付！

现在做一件对的事情不会有人问为什么要花这个钱，只要是确定下来的事情执行时基本上不会有问题。这也是王有川所希望创造的一个氛围，让员工做主，这种感觉很重要，如果完全没有自由度的话，干部很难成长，好的制度能让员工表现得更好。

“财务业务一体化”使得财务和业务信息打通，财务深入到业务，熟悉业务的每一个计划背后的目的，以便了解业务每笔预算背后的初衷，了解业务的出发点、困难以及业务的机会节点；业务不断深入去学习YTT财务体系课程，双方同频，共同用财务的语言打通经营，这样每个决策的背后都有强大的数据支撑。这样财务的判断和工作与公司和业务的决策才顺畅起来。

集团公司给每个经营体以最大的经营自主权，让每个经营体做计划、预算、定人、定指标、定薪酬、定利润指标，在这样一个充分放权的体制下，同时匹配一套激励措施，责、权、利对等，精细化的管理制度下，财务部每个月的核算单元多达150多张子单元，同时会对每个核算店铺从资产、债务、利润几个维度进行分析，会让每个经营者清楚每个数据与行动计划的关联，透过数据看本质，不断分析、总结、复盘、修正计划，使其达到预期的经营效果。

对于薪酬权、经营权与用人权，各大区有不同的授权。2012 年年初，费用权有一段时间没敢放。后来走了两年的预算，才放了预算的固定费用率，根据这一年的业务量，在预算范围内大区管理费的 5%，可以自己去操作。预算推行了三年，每个月每个季都手把手地教大家，算得才稍微靠谱一些，财务与业务矛盾就少了。

片断十戒

一、利用职务之便收受贿赂或索要回扣及礼品（包括非物质形式的优惠及接待）。

二、损公肥私，以公司的采购价格、折扣、资信等资源来换取个人利益。

三、在外兼职或者投资同类型的经营项目并参与经营管理。

四、上班时间打瞌睡、玩游戏、打架斗殴、赌博、酗酒、办公室恋情，造成不良影响。

五、不服从上级的工作安排及管理。

六、在公司内无中生有、造谣生事并产生恶劣影响。

七、偷窃、挪用公司任何的财物（包括胶带、衣服包装手拎袋及废弃布料等）。

八、泄露公司机密资料（机密资料包括但不限于财务资料及报表、核心数据、销售及利润状况、薪资及考核方案、人事档案、各类合同、客户资料等）。

九、在工作及私下交流中散布不利于公司的言论，严重损害公司形象。

十、违反国家法律法规的相关规定。

（资料来源：片断女装人资部）

在授权的过程中，所有的企业都存在一放就乱、一收就死的两难抉择。解决的方式，只有一切回到财务语言的方式上来，回到预算上来，让所有人的思维方式一致，决策方式一致。用各种标准及行为准则加以规范，通过内训课程和财务决策课程，把管理语言统一到财务语言，让经营者通过财务数据分析、判断经营的实质，实现数字化经营，而不是只看业务数字，更不是凭感觉。

其实在经营实践中很难做到不偏不倚，对于边界的界定是十分重要的。一条边界是努力盈利，一条边界是控制费用。片断陆续出台了一些制度，比如人资费用律、管理费用律、《关于商品的减值办法》（仅商品减值办法就出台了好几个版本）、“片断十戒”（规定了哪些动作是不能违背的红线，入职时每个员工都要签的）等。这样极大地培育了员工的职业素养，才开始有序放开一些权力。

以前是不敢放的，是因为制度不健全，是敞口的，单靠个人的品质素养、职业道德无法保证不被诱惑。管理最终追求的是经营者抓大方向，管理越简单越好，执行者对具体的事，权限越大越灵活，前提是制度建设要到位。这样才可能在乱与死的困境中解脱出来，经营最核心的追求即所谓中庸之道。

王有川经营心得

1. 财务是经营者最需要明白的事

经营者常错以为财务是财务人员的事，或者认为财务就是事后算算账，实际上，财务目标一开始就是制定战略时最重要的目标，也是检验经营成果最重要的标准。所以财务是用来指导经营的，要“事先算赢”，而不是“死后验尸”，无论企业的大小，经营的阶段，经营者都应该具备财务思维，财务的语言应该作为企业全体管理者统一的思维，因为只有数字不会说谎，否则在经营中，因为每个人的立场不一样，就会发生很多分歧，研发人员说产品领先，生产人员说效率，销售人员说收入，各说各话，所以要有战略上的共识，然后导入全面预算制，所有人在一个整体上来看问题。预算的起初不要怕不准，在开始可能不准，只要决策者重视和坚持，过程中持续修正，慢慢就变准了。计划和预算过程，就是不断提升管理者财务意识和能力的过程。

2. 决策的第一个依据是毛利

经营者看账表，比较喜欢看结果，是赚了钱还是亏了钱。我觉得不要急于看最后的数字，而是到前面看毛利（或毛益），即主营业务收益。毛利是看主营业务的盈利能力，如果你的规模不够大，如果固定费用偏高，可能利润不高，但如果毛利率高，说明你的行业和产品是被市场接受的，只需要努力经营扩大规模，即可获得很好的利润；反之，如果主营业务没有毛利，反而靠投资、理财、房屋租售等赚取收益，就算账表的最后一栏是盈利的，也没有用。这里说的毛利有两层含义。第一层含义是毛利的计算，在管理会计中，要把收入减变动费用，就是每产生收入就会发生变化的费用，比如店铺租金和员工的工资总额基本是不随销售发生变动的，但采购成本是发生变动的；而在加工过程中，面辅料成本和直接的人工费是发生变动的，厂房和设备费用是不变动的，只有区分好才能看到真正的问题，是在创造价值的过程，还是传递价值的过程，这为创新和改革提供了依据。第二层含义是区分业务和产品，不同的产品要分别计算，这里有一个产品梯级的概念，可能有的产品毛利低，但是分担了较多的固定成本；有的毛利高，但是销量还没有打开，这就迫使企业要不断地创新，去做满足市场的、带有高设计附加值或科技附加值的高毛利产品；或者去改善流程，让效率更高，把毛利挤出来；同时通过积极的营销去扩大营业的规模。稻盛先生说“只有通过自己额头流汗、辛勤工作赚来的利润”才有价值。经营者要全力以赴，通过“创新”和“精益管理”加积极主动的营销去增加企业的利润。

3. 最核心的经营决策是“定价”

定价是所有决策中最艰难，也是最需要智慧的地方，经营者要在这里多花功夫。定价过程就是决策的过程。比如，通常成本是很难下降的，如果需要更低的价格来获得竞争力，就要考虑从供应链上来解决综合成本，如能否通过众包和共享来缩短流程，能否通过新技术和精益管理来提高效率，能否改变频次以柔性供应减少系统库存等，总之在一定要降低成本的决心下，才可以产生经营智慧。“选窄门，走宽路”，改革没有捷径，只有努力突破当下的困境，企业才能获得更大的发展空间。这是节支。或者，你想通过涨价来提高毛利，那么你对你的消费者需求和需求变化足够了解吗？你能够做出新的“蓝海产品”吗？能成为行业独角兽吗？或者，在传递价值的环节去降低营销，能通过渠道创新来缩短路径，减少损耗吗？能通过互联网来寻找到达消费者的最短距离吗？

“定价即经营”，供应链、产品创新、营销创新都会影响定价，也都体现出经营者的经营智慧和决心。

4. 要关注现金流

很多企业问题不是出在没有利润，而是没有现金流。这也是经营者需要特别关注的事情，背后也是管理创新的点，能否预收，能否缓付，能否众筹、能否租赁……资产负债表里面的每一项，都蕴含着无数的可能性，如果你深陷现金流陷阱，不要去抱怨客户不回款，而是应该思考你的商业模式是不是领先，钻研你的资产负债表，看你能否从这里做出文章，可能只需要一个小小的点子，比如麦当劳早期发展的租金金融模式，汇源果汁早期的融资租赁模式，海澜之家和名创优品的特许经营模式等。要在资产盘活上多动脑筋，走准一个模式，就可以让企业走出困境，冲向蓝海。

第二　客户篇

片断女装，以亦师亦友的角色，陪伴在每一位女人身边，引领她们发掘生活的美好，用不同的角度看待身边的人、事、物，也让自己变得更好。带领女人开启生活的另一扇窗，回归真实的自我，探索生命的精彩，唤醒深藏的喜悦。

让每一位中国女性了解：美好生活并非遥不可及的奢侈品，它属于每一个用心感受的人。过滤掉生活中不必要的杂质，就会留下纯净的生活。停下匆忙的脚步，欣赏周遭的美好：体会“一叶一菩提，一花一天堂”的真谛。燃烧自己，照亮别人。探索生命的精彩，幸福不是拥有太多，而是执着的少。

一场难忘的经营会

做别人不做的事，自己主动开辟谁都没有走过的道，这就是京瓷的历史。开拓无人问津的新领域并非易事，如同在没有航海图和指南针的情况下在茫茫大海中航行一样，能够依靠的只有自己。

开拓创新伴随着巨大的艰辛，但反过来说，挑战成功时的喜悦，也是其他任何东西都无法替代的。通过开拓无人涉足的领域，就可以展开辉煌的事业。

不管公司发展到多大的规模，我们都要不断描绘未来的梦想，胸怀强烈的愿望，保持开拓者的进取精神。

（摘自《京瓷哲学：人生与经营的原点》，东方出版社）

【在了解片断的财务报表现状后，王有川想知道这支以营销擅长的团队的真实情况如何，他参加的片断的第一次经营月例会，那次会议痛苦而难忘。】

那次会议在亲亲家园 3 期小区物业的阁楼上片断的总部召开。会议开始，各部门经理例行做经营报告，整个听下来仿佛是一个勾连封闭的环，大概的意思有两个：我们很想干好，干不好不是我们的责任，是因为某某不行。营销推生产，生产推采购，采购推设计，设计怨营销……大家都满腹委屈，满腹怨言。

在大企业做了多年经理人和总经理的王有川，第一次看到如此离谱的会议流程，听到如此匪夷所思的发言，内心既愤怒又悲哀，看着这群无知而又自大的经理人，他暗暗下决心，要成功必须实现全面的目标管理，推行结果文化，即使把这一桌人全部换完也在所不惜。他耐着性子听完了整个会议，一言不发就离开了，没有人知道他在想什么。

王有川想，企业要活，还得从销售入手，他得找生力军，随后与南方营销的年轻人们一起开营销工作会，看看营销计划。“谁会做预算？你们听说过 4P 吗？”看看底下面面相觑的员工，王有川大概明白了。

时任营销负责人的张书颜想的是，“我们能跑下单子，能开拓好市场，那些书本上的知识知不知道有什么相干？”这样的状态，这样的队伍该怎么启动？片断的营销要怎么做？会后王有川对张书颜说，让我来做营销总监吧，你去负责后台人资。

上任营销总监的第一件事，王有川从给业务人员讲授最基础的营销培训课程开始。这才有那三天在片断发展历史上非常关键的“营销培训会”，重点讲了著名的“4P 理论”。4P 理论由美国杰罗姆·麦卡锡提出，他于 1960 年在其《基础营销》一书中第一次将企业的营销要素归结为四个基本策略的组合：产品、价格、渠道与促销。由于这四个词的英文字头都是 P，所以称为“4P 理论”。

1967 年，菲利普·科特勒在其畅销书《营销管理：分析、规划与控制》中进一步阐释了 4P 理论。产品：必须注重开发的功能，要有独特的卖点，把产品的功能诉求放在第一位；价格：根据不同的市场定位，制定不同的价格策略，产品的定价依据是企业的品牌战略，注重品牌的含金量；渠道：企业并不直接面对消费者，而是注重经销商的培育和销售网络的建立，企业与消费者的联系是通过分销商来进行的；促销：企业注重销售行为的改变来刺激消费者，以短期的行为（如让利、买一送一、营销现场气氛等）促成消费的增长，吸引其他品牌的消费者或导致提前消费来促进销售的增长。

理论只有联系实际，才能发挥威力。大家带着疑惑，带着一脸的茫然，感觉放着那么多空白市场不去跑，业务骨干全关在屋子里，回到课堂，当起了学生，怎么挣钱啊?

当被问及片断作为女装产品，其独特的卖点是什么时，大家陷入了深思。之前只知道广开省代，多多订货，一叠一叠的订货单是他们唯一的追求，也是他们最值得炫耀的资本。至于产品的诉求，他们压根就没有想过。认为只要好卖就行，这种思维导致设计盲目抄袭时尚，每季的风格差别巨大，致使终端很多老主顾一看这季的货品不适合自己的风格，就流失了，客户群非常不稳定。

至于什么是市场定位，什么是品牌的含金量，片断有多少含金量，还真的没想过。那是传统服装的销售渠道，几乎清一色走的是省级代理模式，再由省代批发给店铺。省代与企业不就是一对欢喜冤家吗？企业想抬高价格，分销商想压低价格，两者的博弈，不过是客大欺店或者店大欺客的博弈。既然片断知名度不高，只能靠营销人员的个人努力和过度的市场政策去拓宽市场，不和分销商建立兄弟情、姊妹情，谁理你啊？靠关系，靠涸泽而渔地放政策、做市场，就是现状。至于促销，就更简单了，不管是不是短期行为，大家都是这么用的，如让利、买一送一、营造现场气氛、跳楼价、甩卖、清仓等，各种招数不一而足。

这就是片断想要的吗？带着诸多的疑问，从最基本的营销常识，到一套一套的价格和政策的沙盘推演，营销利润发生各种变化，传道授业一连三天，尽管那时在座的很多人仿佛在听一部天书，一切都似懂非懂，不过更多的人都感受到了王有川的良苦用心。

多年以后，王有川回顾那段时光，依然能读出无奈与庆幸："那时之所以带他们，是因为尽管他们也做了很多年的销售，但是在原理和常识上依旧是白纸一张，非常简单单纯，但是他们身上带着那种很朴素的人性，就是想做事，想上进，工作不怕吃苦，我想这就够了。当时蒋总坚持一个都不能少，那就不管基础多么差，从头开始吧！"

当然他们也有优势，就是在北京青青服饰工作多年传承下来的浓浓的"亲情、家族、爱与团结"的文化。通过专业常识的培训，一点一点树立起现代化的营销理念和方法。这时候最大的问题是缺乏"以结果为导向"的共识。面对一群 4P 也不知道，计划也不会做的营销干部，怎么打硬仗！培训来得太慢，唯一的办法就是招人，招到真正懂行的人。

当时想要招服装企业做得比较好的营销总监，招一些专业的人进来，谈何容易！因为那时片断没钱，薪金在同行业中偏低，知名度不高，招人难，招高人尤其难。发招聘启事没有人应聘，王有川跟张书颜说，你去找几个好的猎头来吧。听到猎头顾问的费用，张书颜心疼得不行，王有川一个一个地和猎头公司对谈，讲他对人的希望，讲他对企业未来的规划。他同时启动了在杭州和北京的猎头招人，在北京借助青青服饰多年的商誉，终于有几份不错的简历递到了桌面上。

用户思维，消费者调研

物品制造的原点在生产现场；销售的原点是同客户接触。

出现问题时，首先需要回到现场。脱离现场，在办公桌旁煞费苦心，空谈理论，绝对解决不了问题。

人们常说，“现场是座宝山”，现场蕴含着第一手信息，这是解决问题的关键。经常去现场，不仅可以找到解决问题的线索，而且可以获得意外的启示，借此提高生产效率，提高产品质量，或者得到新的客户订单。

现场主义不仅适合于生产和销售部门，而且适用于一切部门。

（摘自《京瓷哲学：人生与经营的原点》，东方出版社）

【一到换季，终端辛辛苦苦积攒的 VIP 客户就会丢失一批，因为她们一到店铺都会问：“你们换品牌啦？”“你们变化怎么这么大啊？”“这里面没有适合我的呀？”】

VIP 客户使人尴尬的疑问直击片断风格不稳定的短板，像当时很多服装企业跟风随大溜一样：“什么好做做什么，什么好卖做什么，没有自我，没有风格。”其实解决这个困扰说难也不难，说不难也难。

不难是只要及时做好消费者调查就能解决，难的是片断管理层对于消费者调查一事，持怀疑态度的人很多，大家都不理解，这么做有用吗？因此流失的老顾客特别多，这个困扰从片断创牌伊始就是一个悬而未决特别头疼的问题。

王有川刚到片断时发现，这边的团队对于策划不甚了解，他想要发起一个市场调查。“蒋总说，你弄那个干啥呀？我最了解消费者了，你不懂问我就好了。在我的理念里，所有的经营都是从消费者研究开始，这是标准动作，我坚持要做。王宇是我从成都带过来的市场经理，她给的第一版方案只是一个问卷调查，通常消费者调查用问卷调查的比较多。我说不行，给了一个案例供她们借鉴，即定性分析，不用年龄、收入等统计学的分析指标，而是对人们在生活方式和价值观，以小组座谈的方式进行调查。制定好调查大纲，与消费者交流，谈梦想、烦恼、人生、学业、时间安排、兴趣爱好。不对片断本身评价，甚至不涉及为什么选择片断、喜欢片断什么等问题。采用这种研究方法，不会因为被访者面对有针对性的提问，被迫给出迎合的回答，做出不真实的描述。”

2011 年元月，第一份《消费者调研报告——3 城 10 场 100 VIP 深度座谈会访谈报告》出炉。这次是针对北方市场，通过对 VIP 生活状态的关注，向顾客各价值观进行投射，抓取顾客典型消费习惯，真实的需求，顾客类型几乎涵盖实际客户群各个层面，且具代表性，互动较充分，得到“典型顾客形象”描绘。

社会地位、身份、经济水平如此不同，是什么让片断消费者有相同的选择？通过对消费者的生活轨迹及内心世界的透视，寻找她们的价值观、审美倾向、内心渴望。她们肩负工作或家庭的“责任”，消耗大量时间、精力，身心并不轻松，很忙很累；她们不愿轻易依赖父母、丈夫，没有不切实际的奢望，她们不物质，不愿受经济所累；她们在相应的消费水平内拥有较大的自由度，懂得取悦自己，更接受“真实的才是更美的”；她们关注健康，但不积极付诸行动；她们注重生活品质，希望获取身体与自然的平衡，以逛街作为休闲方式……

片断的消费者有怎样的内心渴望？她们关注的都是很现实的问题，生活偏理性；因为疏于对家庭的照顾，希望可以补偿；工作烦琐、人际紧张与发展制约等造成“快乐工作”无法实现，形成无法逃遁的“压力圈”；感情生活平淡，缺乏激情，有社交的需求，有兴趣结交不同的人，乐于分享自己的故事；希望释放压力，希望通过变换空间来获得体验，主动平衡心灵与身份的冲突。

片断的消费者想要什么样的生活？她们想成为什么样的人？获得家庭认同与社会认同；有稳定的生活，生活不乏激情，偶有精彩；心灵与身份的协调，身体与自然的和谐；对财富有支配的权力，有属于自己支配的时间，有自己的兴趣爱好；心情愉悦，少压力；心理轻松，不压抑；显得年轻，拥有幸福的家庭。

在这份报告上，描绘出了片断的主流消费者的形象：幸福的家庭主妇，知性，素颜，内敛，希望轻龄、易搭等。调研一出，营销部门的人产生了极大的共鸣。消费者的形象从模糊变得异常清晰，她们拥有不同的面孔，却拥有如此相似的内心需求。

虽然她们的年龄相差很大，但在价值观上的共性让她们有了一致的选择。后来调查报告加了一个特别重要的顾客照片，店铺在搞活动时，在签到墙上留下的，她们现在穿什么、体态仪容、发型、饰物，把一大堆照片放在屏幕上走，一眼就可以识别：这是片断人，这是片断人……于是形成了良性的互动，知道了顾客是谁，应该为顾客做什么样的产品，因为产品的共性又激发了顾客更加喜欢。

但那时的情境，摇摆是挺多的。“由于蒋总兴趣爱好极为广泛，决策经常多变，于是产品就像她的心情一样经常多变。今天做得很传统很保守，明天她去了一趟韩国说我们应该做得潮一点，一下子变得很潮。过些天，她跟设计师大咖一块玩，说人家做得这么高端，我们应该做得文艺一点，又整得很文艺。”王有川笑着说。

他们不断地收到终端的反馈，顾客说他们的产品一季一个样，VIP 不断开发，不断丢。在这一点上，王有川与蒋永青矛盾冲突不断，就是出发点不一样，一个为自己的兴趣而做，一个要为顾客而做。而王有川说，反正自己不穿女装，没有这种感性的烦恼。

在这个过程中，王有川不断拿出新的调研报告给蒋永青——因为那时她在管产品——反复提醒她，要这样，不要那样。比如不要金属拉链，不要发光的纽扣，不要动物皮革，不要饱和色和鲜艳的大花，等等。不断强调，要宽松的，要舒服的，要自然的面料，要碎花，要素色。差不多每个季企划的时候都不断地强调这些，这种“要与不要”的报告与专题会议，不下十次。

当然还是少不了犯错。有几季用明黄、钴蓝，投放下去都很差，尽管是那一季的流行色。加盟商说今年流行这个上一点吧，他们经不住诱惑，后来事实证明，所有跟主流时尚一致的产品，无一例外地铩羽而归，因为他们的客群不追逐时尚。有一年设计师们特别兴奋地做湖蓝、荧光黄；有好几季，钴蓝出现过，姜黄、亮黄都出现过，全没成功。

经过不断试错，积累了片断色仓（即颜色仓库）。哪一些色系是片断要的？追随时尚时在轻重上有所变化，比如有一年流行酒红，酒红是一个非常社交、非常高调的颜色，到片断这里把纯度和明度都降低，做成深酒红，低调很多，客户就能接受。有一年流行亮蓝，到他们这儿明度不断加大，只比白的稍微加了点蓝的粉蓝，客户也很喜欢。那种感觉就符合他们的顾客了。总之，就是要么很浅接近于白，要么很深接近于黑或者灰。最后经过沉淀，固化下来的像土黄、咖色、灰蓝，是些非常接近大自然的颜色。

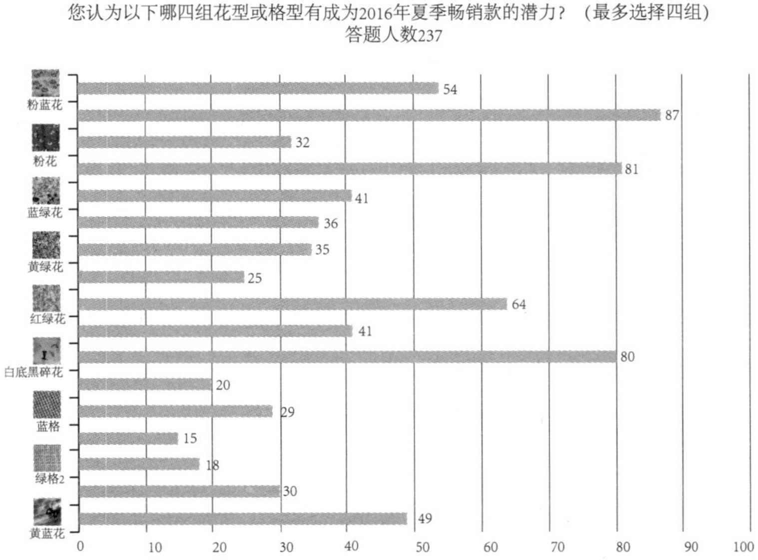

补充软面料需求消费者投票结果

“慢慢地把廓型、面料、花纹都固定了下来。比如有些少数民族服饰的花纹，都比较夸张，颜色都很对撞，热带地区南亚或南美喜欢的大花、明艳的调子，也不是我们要的。”他们坚持东亚审美，就是南到昆明、台湾的北纬25度，北到兰州、首尔的北纬35度之间，温带气候决定颜色不是很张扬的，所有的植物都是小叶，花卉也是小花、碎花。“这些特征极大地代表了我们的产品特征，我们的产品不会出现狮子、老虎、大象等猛兽，这些东西你在欧洲服饰上是经常见到的。我们出现的小鸟、小猫、小狗，卡通手绘，是非常亲切、非常家常的东西。”

什么叫以客户为中心？就是要真实地贴近客户，洞察客户——她的审美观、她的价值观、她的追求、她的时间安排、她的梦想与烦恼，是要走心地为她们而设计。

也不是每一次都瞄得准，在总结反省时做一些调整，把标签树立起来，最终形成一个客户群的标签。有一些标签太北方了，太素了，慢慢调整了一些符合南方的，加入到样本里去。包括推码，放码，除了按标准走之外，大码加了两个，跳的时候不是按全码跳的；小码从S码到双X就结束了，个别的到单X，尺码的幅度还是蛮大的。因为有些衣服拿到南方去销售，觉得服装不合体。虽然做的是一套版，以中码分界，中码以上的推码标准按照北方做，中码以下的推码标准按照南方做，一套码适应了南方人、北方人两种体型。

这些小细节都是多年细化沉淀的，所以说传统企业要用互联网思维去做用户分析。围绕着“服务谁”这一个根本问题，消费者调研后来持续了好几次。随着时代的发展，审美、消费习惯稍微有点变化。片断不是最时尚的，但流行的细节一定会在产品上有所体现，是保守的含蓄的时尚，太超前一定会死掉的。不是一眼看见有多出众，但是穿在身上感觉不一样，很舒服，越看越有味道。

品牌如人，片断的女人拥有一颗怎样的内心？喜欢什么，不喜欢什么，包括花型、汽车，喜欢去哪里旅游？从多个维度去发现客户的喜好，在设计制作时，考虑到她喜欢与排斥的东西，比如要做一件露臂膀的连衣裙，一定要有一件罩衫，因为北方顾客不愿意太暴露；消费者丰满型的比较多，必须考虑到肚子这一块，要遮肉。

2014 年，针对片断做“减法”发起过一次调研，由设计师、版师和商品人员组成三人调研小组，分 5 个小组去各个城市下到店铺，与消费者进行一对一、面对面的沟通。这次调研特别与众不同的是，在调研的基础上确定了做“减法”的原则。那年夏季做“减法”做得比较狠，大家都有点害怕了：是不是太素了？这么素净能行吗？实际上那季销售得特别好，奠定了很大的信心，走得更稳健了。

现在跟顾客零距离，用快速迭代和快速试错来完成。甚至更直接的办法让设计师到店铺里做销售，服务一个又一个非常具体的顾客。现在是设计部的标准动作，设计师每个季度到店里去卖货，不在乎卖掉多少，关键是要跟客户面对面地聊，要给顾客试穿，板型对不对？尺码对不对？如果哪里有毛病，回来了自然就知道怎么做了，收效更好。

“互联网 +”让消费者分析变成辅助的标准动作，变成设计师认识顾客的一个办法，因为片断女装已经做到实时了。在网上晒出设计师的设计，让客户品评追单，追单就做，不追单就卡掉。这叫数据即决策，决策即数据。

渠道引流，营销蓝图

在工作上想得到部下和周围人的帮助，自己必须率先垂范。哪怕是别人都讨厌的工作，自己也要一马当先，采取积极挑战的态度。

无论堆砌多少令人动听的辞藻，如果自己不带头执行，就不能抓住人心。想让别人做的事，首先自己要冲在前面，用行动做出表率，这样，周围的人才会追随你。

率先垂范需要勇气和信念，但是只要不断地用心实践，就能够自我提升。不仅领导者，公司里所有的人也都应该共同营造率先垂范的风气。

（摘自《京瓷哲学：人生与经营的原点》，东方出版社）

【从财务报表来看片断亏损好几百万，南方区域库存高达六万多件发到北方。北方很多市场，片断是一个负值，如果是个零，是个空白，反而好起步，但是负值必须先扭亏为盈，才能起步。山东市场算是好的，客户资料一共是 7 个，所有店铺走了一遍，发现只有 1 家店铺可以留下来，剩下的都是无效店铺。】

在 2011 年年会上，王有川果敢和坚决地把不 OK 的干部几乎都裁掉，由于组织的重新定位，对当时的面料采购、设计、生产和行政的老员工，出于道义上的考虑，每人给了5万元让他们自己创业，顺利地解决了这个难题。然后王有川才放手实现让专业人做专业事，让那些能够承担的人唱主角，面对空出来的部门经理，开始了大规模的招聘。

招聘和面试是一个技术活。比如说，招聘关键岗位销售总监，尽管是一个服装业新手，但王有川对于营销的基本逻辑和流程是不陌生的。他通过一连串的问题，诸如“你之前管辖的有多少店铺”“每个店铺坪效大概是多少”“大概SKU陈列量是多少”“你们的投入如何”“每个店的产出如何”等，让应聘者应接不暇。

这时王有川具有深厚财务基础底子的优势显示出来。他总是能够比应聘者的反应速度快一点，通过对方讲出来的单店产出、货品投入量、毛利等数据，判断出谁是真正干出来的，谁是编出来的数据。从初春到盛夏，在一次次的失望和焦急等待中，终于等到了代福顺。

代福顺，作为营销副总监，回忆起自己在北京百荣集合店第一次见到王有川的情景。代福顺眼里，一身休闲装的王有川，年轻，有朝气，侃侃而谈，从上午9点一直聊到中午12点，讲的全是片断的未来，唯独没有讲片断的现状。

他已经应聘了两家公司，虽然面试的职位是北方区域营销总监，但对于女装没有什么概念，对于片断更是毫不知情。王有川说先进来看看现状，从大区经理职位开始做。谈到关键的薪资待遇，听到的又是片断的未来。代福顺现在还清楚地记得那时面临怎样的选择：“薪资相对于我原来的水平下降了近三成，回家我和我爱人说，她很不理解：‘你为什么去这家公司，人家都是跳槽越跳越高，你为什么要去？’我说：‘这个企业有未来。’”

代福顺喜欢用一种洋溢着喜庆的方式介绍自己：“代表的代，福气的福，顺利的顺，带来福气和顺利！”曾在班尼路、安踏、361° 等品牌从事服装行业 16 年，善于做市场战略规划及市场开拓，善于剖析数据，谙熟财务报表解读，把控企业现金流。

2011 年 3 月，代福顺正式入职片断后，才真正体会到了什么叫“耳听为虚，眼见为实”，才明白为什么王有川只讲片断的未来了。没有市场数据，只有一份联系方式，这着实吓了他一跳：“这和王总说的貌似很不一样啊！我负责山东和河南，只有客户的电话和年度进货额，很不全面，很业余。当看到这份数据时，觉得管理太基础了。头两天，我也开始展望未来，做了一份非常好的计划，做了一个三年规划：第一年必须梳理整个渠道市场，要不然公司活不了，因为现有基础太差；第二年梳理团队，虽然他的团队很拼，但是管理和专业性不够，还需要继续带教；第三年要增长，有了基础和团队带教，那就要开始做市场增长；还有重新梳理新的加盟政策和合同。”

这在别人可能已经气馁，在代福顺这里却变成了一种动力。原因很简单，什么都具备要你来干吗？营销没有团队，新市场必须亲自去跑，该参加订货会还得参加。没有工人，代福顺自己去组装货架，拧螺丝钉；没有帮手，自己搞组织策划活动。他记得在片断参加的第一场订货会是在三里屯一个酒吧走秀，静态展与餐饮不在一个区域，组织客户，联系场地，协调人员，事无巨细，都是亲自上阵。

更让他挠头的是，如果片断品牌在市场上是个空白，反而更好起步，但是现在必须面对过去遗存的负资产，无论从品牌形象还是从财务数据上，这种水平线以下的起步都是非常困难的。

砍省代，这一重大决策面临很大的问题，虽然在改变和完善工作流程上做了技术上的准备。在宣布砍省代的那季订货会上，河南客户知道要砍掉省代转变成直接加盟的消息，情绪波动极大。在执行这一策略时，代福顺的加入起了至关重要的作用。那次订货会，他们定了一个大套房，代福顺一个客户一个客户地去洽谈，顺利地完成了既定任务。

有了代福顺，王有川轻松多了。因为他们聊起来会比较简单，不管是战略策略，还是战术计划，或者预算、指标，互相都能够高度认同。王有川谈到那时情景，对代福顺的工作能力极为称赞：“那些客户也不像我们有清楚的判断。他们很感性，提出的担心和条件很多，五花八门一大堆。说老实话我没有做过服装应对不了，幸亏代总业务熟练，挺能谈的，一对一谈判，从中午一直到深夜，最后河南加盟商没丢几个，大概砍掉了两三个我们不想留的，绝大多数都继续经营，仍有二三十家店。”

当时其实发生很多不如意的事情。一次是去山东济南，那时候山东省代说要开招商会，代福顺一个人拿了三个易拉宝和三个画面，整整站了 3 个小时，那趟车票非常紧张。下车后也没有人接，自己拿着地址去找公交车，从火车站到展厅。到了展厅，谁都不认识，又一个人去安装易拉宝，自己去挂画，完了之后就站展厅门口去招待参加会议的客户。那是山东省代的年会，还有秋水和三彩的客户，很多人虽然知道片断，但是因为之前做得不好，所以那次几乎无人问津。当时觉得有很大的无形的压力，真的很难想象做这个事情这么困难。那天代福顺自己去找住的地方，自己去吃饭，根本没人招呼他，他从未感觉如此的委屈。

代福顺回忆说："刚开始发生了很多很多事情，苦水没处诉说，只能用杯中物来释放压力。喝醉了，躺在酒店的床上，看着天花板发愣。不断地问自己为了什么？到底图什么？有一次晚上喝多了，坐在黑乎乎的楼道里，已经到崩溃的边缘。去河南市场，十几个客户一直围着我，从早上一直谈到晚上，一直说公司的不是。记得2011年整个夏装卖得最好的007和008两款格子衣服，大面积出现残次品，卖出去只要一个礼拜肯定会退回。很多客户来投诉这件事情，当时接受不了，我就给蒋总打电话。因为那时河南省代是蒋总的亲戚，很难沟通，把很多事情都丢给我，所以我就问了蒋总一句话：'您是想把客户当成亲戚管，还是把亲戚当成客户？'蒋总当时也只回了我一句话：'该怎么管就怎么管！'然后我如同吃了一颗定心丸，才真正下决心把这件事情干成！"

很多事情都是一路走出来的。后来陆续招来团队人员（几个大区经理），代福顺背着个背包，带着他们一起去跑市场。最常见的是，凌晨带着团队去客户店里做陈列，去找客户谈，去沟通。订货会聊到凌晨四五点很正常。"扫街"更是家常便饭。下市场挨个去找店，不管是街铺还是商场、购物中心，不管刮风下雪还是日晒雨淋，大家背着双肩书包，一路去扫街去谈客户，一家一家地要电话，约见、拜访。每次代福顺都和团队成员说"吃得苦中苦，方为人上人"，营销团队也是一步一步组建起来，一点一滴打拼出来的。

开店容易，但是店开出来不能稳定赚钱就是白费。一个店不赚钱还持续开后边的店，就是对客户的不负责任。无论大小客户，所有的工作都是一定要保证客户盈利。“人家挣钱，才能让你走得更远。”代福顺一直到现在都对大区经理重复着这样的话、这样的理念。客户也特别认同这一点，所有片断开店的质量都非常高。运营团队最终看的是结果，拓展市场，增加客户才能实现自己的价值。片断的员工在市场中散发出来的那种干劲和精气神，以及真心帮助客户赚钱的行动，都深深打动了客户。

重新开始梳理渠道，大力拓展加盟，因为没有量就活不下去，如果一场订货会连基本的量都订不出去的话，不管供应链再怎么强，包括设计上，就算整盘货品设计得非常牛，但是订不出去也都是无效的投入。经过一年的梳理，市场有几个区域开始有了起色，有了突破，从 1 家店到 10 家店到 20 家店，然后逐步稳定上升。

通过树标杆来进行渠道扩张。那时候好客户少，只能“逮住一只羊使劲地薅”，全力帮助一个客户在一年之内发展到五六家店甚至更多，赚钱了，这个经验和数据就拿去树标杆，在大型会议上请他去做分享，这样别人才相信真的能挣到钱。只有一个店的加盟商也暗暗地比学赶超，起步的时候就是这样，慢慢地好客户多了，才出现了速度。

北方的几个大区都是代福顺亲自下店。当时山东区域客户砍到只剩下一两个，只能重新找客户。代福顺带领北方团队仅有的几个人全部压在新客户山东济南于君红的店里。因为她那里没有人，一边招人，一边培训，一边陈列，一边开店。

于君红是从烟台只身来到济南创业的，开店的钱还是向小姐妹借的，她唯一的优势是有做服装的经验。于君红对公司的信任完全建立在对北方团队的能力与热情的认可上。即便是产品不咋样，但是团队很靠谱，超乎寻常地卖力。蒋健从一开始就待在于君红的店里，经历了从开第一家店到发展多家店的全部过程，这也为他之后在河南市场的出色表现，奠定了坚实的基础。

于君红头几家店开得特别精彩，无疑给整个北方营销团队树立了极大的信心，积累了丰富的经验。出于对片断的感恩，于君红很长时间都做片断女装一个单品。而事实上，正是片断改变了她的命运，最初到济南一无所有，经过几年的奋斗，直属店开了十多家，下辖店铺 30 多家，年销售额 4000 万元，每年都有几百万元的利润。正是由于有于君红这样的客户，才带动建立起了整个山东市场的信心。

全国所有的样板店铺，一个店一个店深入去沟通，讲片断的信心和未来，和他们在一起工作，重建市场的信心。

贵州遵义的胡燕，2012 年通过省代接触了片断品牌，当时的片断正处于转型时期，她也是处于创业初期，各方面经验不足，面对一些商品和管理上的问题，学习不是太充分。虽然很喜欢片断的风格，也努力经营拓展了两家店，但业绩一直比较平稳，没有多大的提升，后来关闭了。2015 年秋季，她诚挚地向公司提交了加盟申请，在最短的时间内得到了公司及时的加盟批复，再一次回归片断。9 月 1 日，第一家店开业，开业筹备通过公司的“业绩倍增系统”，开业业绩突破 10 万元，给了她无比的信心和惊喜。

胡燕说：“这是我们之前都不敢期盼的销售额。通过数据也分析出遵义消费顾客群，还是比较能接受片断品牌的定位。通过两个月的学习和实践，遵义二店和三店也相继开张，且在之前经营品牌的销售基础上，都实现了业绩翻番。国庆节将迎来遵义五店的开业。这是大家共同努力的结果，相信通过我们的学习，公司的支持，会继续拓展更多的优质店铺，也有信心在遵义把片断做大做强。”

这是一段充满激情与惊喜的岁月——商场练兵、开疆拓土、势如破竹。而此时的遵义团队，全新的理念带给她们更快的发展，经过三年的磨炼和成长，已经从当初的懵懂少年，褪去青涩，变成了一个稳重有力的青年，发展成遵义知名的服装零售运营商。

2017 年 9 月，遵义片断女装遵义南部新城保利店签约成功，坐拥遵义新城区最繁华路段，遵义市外围布局第二战打响，仅遵义一地就有 9 家片断女装店。

由单点客户再做深挖到做成区代，第一次尝到了快速发展模式的甜头，每一个团队成员都欣喜不已。省代砍掉后空出来的利润空间使得单点客户有动力有能力去开发店铺、开发区域，也使得片断能够分享一部分利润，对于当初砍掉省代的所有疑虑和不解全都消除了。

接下来就是持续的行动，大家一起跑市场，所有的大区经理集中到一个省份，分开线路，下到地级市。区域跑完，再跑目标和重点客户；一个城市一个城市进行，一个省慢慢从 1 家店到 2 家店到 10 家再到 20 家，店铺数量慢慢地增长，而且因为开店时慎重，开店质量变得更好。

这个过程是非常艰难的。行动计划的曲折复杂，团队成员的知识和认知的不足，随着持续的周而复始的执行，这些积累慢慢开始释放出来。公司开始给一线的业务员提供学习平台去补充相关的知识，再去行动，在这个过程中根据不同的区域微调，形成各自不同的打法。

做业务规划地图，让所有人去做业务地图，一块一块地深耕市场，即使是一个县，也要把地图拉出来，看哪些街道是可以开店的。“你们骗不了我，因为这两年整个有店铺或者没店铺的市场我都去过，对于整个市场非常熟悉。他们跟我说了一条街道是什么样子，我就能给他们说出来。”那时候所有人都非常佩服代福顺。

有了量，要求关注客户店铺的坪效和人效，还有平均单店业绩。开始导入样板店工程，成立开业小组，下去把新店的业绩冲起来。后来河南市场尝试做业绩倍增项目，收效也很好。还有每年一次、连续四五年的大型培训店长训练营，去年和前年都是在河南。因为河南的店，店效很高，基数大，好组织。

那时候只是两三个人去干几千万的盘面，但是现在会有一个发展瓶颈，因为渠道扁平化预示着店铺对口太多，不是说一个人对着省代，省代对着几十家店，而是一个区域对着几十家店甚至上百家店，这是很可怕的。因为对口太多服务就可能不到位，导致客户抱怨。客户投入资金投入精力在做片断，要对客户负责任，不能不拿他们的钱当钱亏掉，只有共赢才能走得更远。

在原有基础上逐步放开了一些政策，放出了一些联营和特殊政策以及员工的创业计划，有几家员工店也开出来了，用各种营销手段去做渠道改革，再用终端的支持去拉升。如何改变营销思路，不能再用苦力，而是要用直营渠道与加盟渠道，因为以前是不管什么店只要测算能盈利就开，现在片断开始把控店铺的面积、门头以及首批上货，从各方面进行考量，这样对整个渠道的上升有一个好处。

微信营销经理孟慧的成长经历，从一个侧面能够看出，随着市场的变化，营销团队中的人员经历了怎样的蝶变。

据她回忆，面试时，一个身材不高、穿着带帽的棒球衫的人坐在了她的对面，没有自我介绍，就开始了所有数字化的问题——负责多少家店铺？哪些店铺销售最好？具体销售额？回款额？店铺面积？人员工资？都是经营中实际的数据。入职后才知道这人就是代总。

孟慧当时是北方唯一的督导，在各个区开展样板店项目推广。首站郑州短短 10 天，她就快速掌握了工作方法，每天只睡三四个小时。接下来的新店开业、老店维护，加盟商业绩提升，帮助各个大区经理解决突发事件，都能看到她用心付出的身影，“孟爷”也随即叫开了。

当时开店速度很快，从业务层面考虑确实需要更多专业的督导来维护。督导部成立，孟慧从制作岗位说明、工作流程标准到招人、带教、出差磨合、择优录取，悉心指导，最后将每个大区都配备了督导，团队趋于稳定。两年后，因业务发展快，督导回归大区制会更利于区域内沟通，管理效率会更高。

督导部解散后，孟慧接任京津冀区域大区经理。大区经理需要擅长市场布局、拓展新店，这是她从未涉猎过的工作。但是基于女性天生的感性，如果没有 100% 让店铺盈利的把握是不会让客户开店的，瞬间感觉一切都好难。

孟慧回忆说：“代总详细分析我的长处后认为，‘如果运营维护是强项，让老客户利润最大化，开新店并不是难事’。凭着对代总的信任和不服输的个性，我硬着头皮接下了大区工作。一开始不知从何下手，一次谈一个区代，打了退堂鼓，说了消极的话，代总在酒店生生骂了我两个小时，从那以后再没想过退路。经过努力，老客户的店铺业绩有了明显的提升，新客户洽谈也较顺利，一年下来，老客户对公司的信任和依赖更多，贡献了 70% 的新店，全年指标超额完成。”

几年的岗位变化让孟慧习惯了“挑战”，“全网营销”让孟慧重新定位：在线上与线下之间不断游走，因为在“互联网 +”的时代，线上与线下本来就是一体，内容即媒体、内容即品牌，将品牌注入生命。

代福顺不断地提醒自己，提醒团队，要有危机意识，可能一阵风吹来就千家万户倒下去，所以应该想怎么样去做到更好。“很多人是看到了才相信，但在我们这里是相信了才看见。”代福顺的这句话支撑着营销团队，因为那个时候团队看不到很好的未来，也没有很好的薪资，团建花很少的钱去一个地方游玩，一帮人能拿着水枪玩一下午而且很 happy，结下了很深厚的友谊和兄弟姊妹情。

客户在我们心里

京瓷自创业以来，就把同事之间心心相连的密切关系作为经营的基础，员工彼此间怀着感激和诚意，在互相信赖的基础之上开展工作。公司一贯重视酒话会等各种各样的集体活动，以此为全体员工提供敞开心扉、增进交流的机会。

即使是上下级，只要有信赖关系做基础，相互间就可以坦诚交流，说出真实的想法。这样一来，问题就会一目了然，工作就会顺利进展。

构筑这样的信赖关系，需要在平时不断做出努力，把大家的心紧密地联系起来。

（摘自《京瓷哲学：人生与经营的原点》，东方出版社）

【“有顾客说，你家的裤子我穿半天就不能再穿了，穿上会很难受。当时她说了一句我印象特别深刻的话，‘我会得妇科病的’，把我吓坏了。我说为什么会这样呢？她说‘兜裆’。这是河南的顾客告诉我的，我回来之后特别难受，发誓我们要找一个做裤子板型非常 OK 的人。”张书颜感觉惭愧至极，真想找个地缝钻进去。】

质量是任何产品安身立命之本，真正体现匠心的还是质量，说起来简单，做起来实难。有时候一个不经意的疏忽，或者一次无意中的抉择，都会成为胜败的关键。

片断女装在质量上就有过这样生死攸关的抉择。板型对服装公司是非常重要的，它是服装的魂。之前，裤子的板型很差，每次订货会订单少得可怜，但终端卖场又的的确确需要裤子做搭配和联单。为了攻克这个难题，他们不断引进优秀板型师和专业顾问，板型有了极大的改变。

请顾问的历程也很曲折。因为创业型的老板挣钱多是省出来的，花在顾问上的钱短时间内看不见成效，自然非常舍不得。王有川想请顾问老师时，大多数人不同意花费那么大一笔钱，感觉不到立竿见影的改变和提升。但是王有川当时已经清醒地认识到，想要医治裤型的顽疾，必须请外援。正所谓“当局者迷，旁观者清”，在与高管不断讨论、分析、碰撞中，最终说服了大家。顾问老师的到来大大提升了整个供应链的流程、制度和标准。功夫不负有心人，经过连续几年的钻研，裤子板型有了质的飞跃，现在连续订单排名第一的就是裤子！

做任何事情交一些学费，为不专业买单，似乎是一件不可避免的事情。质量问题大如山，来不得一点虚假。对于任何时代、任何企业，做产品，品质永远是第一位的。产品质量不仅是好与坏的考验，更是生与死的临界点！因为在经营上策略发生了重大改变，确立“以终为始”的经营理念，从而对于改进质量问题给予最大的政策支持。

“当出现问题或是工作进展不顺利之时，对其对象事物和现象，应该进行认真、虚心的连续观察。”越是出现难以解决的问题时，越是要求管理者“不抱有先入为主的观念和偏见，谦虚地观察事物的实际状态”，按照稻盛先生的教诲，真正“虚心倾听产品的声音”。

2012 年，因为面料缝线滑移问题，爆发了大规模的质量问题。“经过多年努力树立的形象与口碑，即将毁于一旦。在利润和质量的天平上一定要做出一个选择。该何去何从？王总立刻召开了会议，会上争论得异常激烈，最后决定不惜一切代价将这批有质量瑕疵产品从全国召回！做服装的人都清楚，一组爆款因为质量问题不能销售，对终端，对企业，都是莫大的灾难！但是有问题绝不能逃避。”谷卫兵后来回忆说。

这是他们应该承担的责任，在当时的环境下，没有哪个企业会站出来主动承担责任，实行全面退货，但片断选择这么做了。王有川说：“赚睡得着觉的钱，不违背做人的原则；犯错就应该去主动承担。不能因为自身的原因让经销商损失，亏钱亏自己。这是做企业和做人的基本道理。从那时开始，有质量事故的产品我们都会无条件地召回，也赢得了客户的信任，所以在我们改革的时候，尽管很多地方做得不尽如人意，但客户都原谅了我们，继续跟着我们走。”

那一幕对于每一个亲身经历过的人来说，无疑是一道刻印在心中永久的伤痕。在订货会上，王有川带领着公司全体经营者齐刷刷地站起来，不是举杯庆贺，而是给所有的客户真诚地鞠躬道歉，承诺即刻不惜任何代价召回所有有质量问题的产品。

他们在关键的时刻进行了正确的抉择。这种选择源自一个企业的社会责任，也源自一个成熟的企业家对于金钱的考量——是做短期利益的拥有者，还是做长远发展的期待者？王有川凭借着一个企业家的良心，以诚信为本，不做偷工减料、以次充好的亏心事，他们的选择给出了一个很好的答案。

认真分析了面料缝线滑移的成因，对于面料的物理指标必须引起绝对重视！他们到处去拜师学艺，听取专业人士的建议，一穷二白的片断居然建起了理化室，将面料物理指标、质量风险提前检测预警。

现在片断的理化室除了成分不能检测之外，其他的18项都是可以检测的，包括湿磨干磨、撕裂、毛起球等检测。理化室的建立使片断的面料提高了一个大台阶。同时上了验布机及专业检验人员，坚决不使用有问题的面料，保证每件衣服的面料是合格的。

一季复一季，一年复一年，经过不断摸索和学习，逐步形成了专属于片断的质量标准，而这个标准是高于国标的。还建立了片断板型库，将优质板型沉淀；建立品控专业队伍，实现全品质流！

从最初的面料调样，到订货会前的面料风险评估会，到选择合适的供应商下单，到成本拆分，让供应商赚合理利润，到面料生产跟进、质量检验，成衣生产过程跟进，出货前检验，入仓前检验。

一件衣服，从一个想法开始，到成衣入库，经历了14个部门，13道环节，116道工序，每一道工序，都贯注着“匠人精神”，树立了品质意识，绝不允许次品下发，才会有现在精彩片断的绽放！

（2015年）5月20日，在这个充满爱的日子，我分享一个爱的话题——要用全身心的爱去做产品。记得我刚接手片断不长时间，限于我们当时的条件，我们不断地出现质量问题。一次会议上，销售人员反映，有顾客穿着片断结婚的时候，衣服脱线了。我当时内心非常愧疚，片断的产品不是很贵的产品，穿片断结婚，经济条件不会太好，如此信任和爱我们片断品牌，而我们却给顾客最美好的时刻留下遗憾，我如同人在现场，伤心惭愧得几乎流下眼泪。几次订货会上，都诚意地向所有经销商鞠躬道歉，并把有质量问题的产品召回。到了今天，我参加质量会，听到生产部门的解释说明，我想说这不足够。的确，我们已经比以往好了很多，但我希望我们能做出 100% 好的产品。从工业角度出发，可能千分之几的错误率是允许的，但到了顾客手里，就是 100%，如果从爱出发，像爱我们的妻子一样爱我们的顾客，像爱我们的孩子一样去爱我们的产品，就不能够让产品出一点点的瑕疵。非常抱歉，我最近几年没能在现场与大家一起工作，所以，需要我们各级领导及员工，坚持现场主义，坚持用爱做产品，坚持找中国质量最好的面料供应商和加工供应商，坚持感召全公司所有人学习稻盛哲学，“致良知”“思利他”，让我们用片断的 100% 优质的产品去表达我们对天下的大爱。

王有川这段发自肺腑、感人至深的宣言印在薄薄的口袋书《片断哲学手册》上，每一名员工在入职时都会拿到一本，在晨读会、分享会等活动中，已经不止一次地大声朗读，或者轻声诵读过。这种潜移默化的文化熏陶，在片断人的心中滋生出“质量至上”的信心和力量。

坚守产品品质是维护所有客户的前提，从他们对经销商诚心实意的道歉，到问题服装召回，到对品质的坚持提升，对挽回众多经销商的信心起到了巨大的作用。也就是这样一个正常而又不同寻常的举动，使得他们能够从命悬一线的悬崖边缘，走向匠心诚信的阳关大道。从设计、质量、性价比开始，到 180 家客户的陪伴，片断一步步走上品质优质之路。

对劣质服装的零容忍，是片断持续上升的基础。在市场政策没有明显优势，货品也没有绝对品质优势的前提下，通过持续的优化供应链，保证了营销一直持续的增长。面临品质困局，就这样一步步艰难地向前迈进，从真诚的道歉声中，换来了客户的谅解和支持，经过不懈的努力与奋斗，从一个濒临破产的品牌，实现了从负二层起飞并腾空的理想。

质量好坏最终要在市场上由用户来检验。在商品世界里，用户的认可是评判商品的唯一标准。“成者王侯败者寇”的逻辑，在潮起潮落的市场上被演绎得淋漓尽致。

自古得中原者得天下，2014 年片断的爆发增长验证了此言不虚，而这一切的成功得力于一个早生华发的“90 后”男孩——蒋健。

河南大区是在片断被提得最多的一个区域，蒋健也是被提得最多的大区经理。他从 2008 年 9 月入职北京青青服饰，17 岁的青春少年，一个还处于叛逆期的年纪，从做库房里的配货员开始，转为导购、店长、督导，直到大区经理，从一个侧面展现了片断的精彩。

在库房里，蒋健一个人负责一个品牌的仓管，一年半的辛苦工作，对他的性格塑造起了很大的作用。两年后，他从库房出来去了片断的北苑易初莲花直营店。当时这家店的业绩不是很理想，通过带教，蒋健用了一年的时间学会了终端管理，从导购到督导到店长，通过不懈的努力，使得这家店成为北方销售最好的一家店铺。

随后，蒋健进入片断营销部，做加盟部督导。因为套路老旧，干得也不出彩，不在状态，工作压力很大，感觉特别迷茫和无助。这个时候代福顺接手片断，前后找他聊了三四次，讲片断的未来，自身的规划，职业能力的提升，督导的维护，市场的把控，宏观的微观的都讲到了。这对帮助蒋健踏上职业经理人之路起到了很大的作用。

第二年，机会来了，河南市场砍掉省代，缺一个大区经理。这个职位有好几个人选，蒋健感觉自己还有些不足。但是，“相马不如赛马”的机制，让他有了一次发挥潜质的机会。现在蒋健只记得代总轻描淡写地对他说：“现在河南空缺出大区经理，我想让你去做，你干得好就继续干，干不好就找人换掉你。”

出任河南大区经理，困难是现实而具体的。因为他从督导转型，不擅长市场拓展，整个河南市场终端店铺也就 10 家，而且片断在整个河南的口碑也不是很好。那时能做的只有抓店效，经过一段时间努力，店效从月 3 万多元提升到 6 万多元，相当于翻番了。拓展工作也在慢慢推进，也尝试去洽谈市场空白区的客户。

蒋健自身洽谈客户的能力不足，代福顺就亲自带他从河南省最南边的信阳开始，一直走到驻马店，走到漯河，走到许昌。真的是“走市场”，从火车上下来，就开始一家一家商铺，一家一家商场地走，看品牌、做沟通、谈客户。这次行走对蒋健的影响特别大。他俩从漯河下车出站，天下着雨，他们都没有带伞，把整个商圈走完，有 20 多公里，临到中午，早饭还没有吃。代福顺走得很快，像是“神行太保”，让蒋健只有紧随着的份儿。累，竟然丝毫没有感觉到。

蒋健还记得代福顺和所有的市场人员说得最多的一段话是："客户选择咱们，要不看重你的人，要不看重你的货。但是往往看上你的货的不多，因为当时片断的调性不稳定，更看重你的人，只要你用心地付出。那时对客户几乎都是保姆式的服务，也可以说是一站式服务。比如我们树立区代的分公司以后，他以前是一个大的经销商，但是想做分公司，那分公司怎么做？包括分公司的制度、职责、薪酬和激励，还有公司的架构，所有的店长培训、员工培训，全都帮他做。财务应该怎么做？物流应该怎么做？这些所有的事情都想到，帮他手把手地带起来，店铺也是一样，经营是如何去经营，一步一步带起来。"

蒋健一个人督导、拓展整个河南市场，慢慢进入工作状态，开始以每年50%的速度增长。随着河南市场完善了督导、拓展等团队，通过带教，管理整体获得了提升。现在成立了河南分公司，单独以分公司的形式运作，也组建了完整的管理团队和运营团队，现在蒋健已经成为一个优秀的区域带头人。

蒋健在河南做的第一场招商会，特意从杭州邀请张书颜到现场指导助威。他一米九的大高个带领着"90后"团队不停穿梭在会场，红红的眼睛透露出他们已经好几天没有睡觉了。为了这场高标准高质量的会议，他请来做主持人的哥们儿，自己花钱给他买了一套主持服；还请其他区域的市场人员过来支援，为了省钱在宿舍准备了上下铺；为了客户订货方便，还请施工单位在现场搭建了模拟店铺。每个细节都力求精益求精。

现场椅子坐得满满的，一位新客户主动对张书颜说："虽然还没有做片断，我和蒋健认识已经快一年了，我很认可他和他的团队，原本今天有事情过不来的，我和蒋健说了把卡给他，现场需要刷多少直接刷就行。做片断，我相信他！今天，蒋健电话里说，希望我来现场，我就来了。”

他说话的时候银行卡已经拿在手里了！在服装行业一片下滑的今天，客户投资非常谨慎，品牌招商很难，能有如此巨大的信任实在不是一件容易的事。

有位合作 6 年的老客户说：“前段时间开新店，临开业的前一天晚上，忙完陈列已经是凌晨 2 点多了，临走时蒋健说他们开个总结会就走，让客户先回去休息了。第二天客户到店才知道，蒋健和小伙伴们根本没走，把陈列和布置又认认真真做了一遍，直到开门营业。看着这群比自己家儿子还小的孩子们，眼里布满血丝，声音是沙哑的，心疼得不行。我们都认蒋健这个人，认他带的这些孩子们，他们太敬业太付出太拼了。”

一个客户这样评价河南蒋健团队：“我没见过比他们更敬业的，店铺从选址到开业，几乎不用我管，他们都像自己开店一样认真，用心。开业时，我和爱人正好在外地参加会议回不来，他们日夜盯店，如期开业，连续三天都是全商场第一名的业绩。我还会继续开第二家店、第三家店，让片断成为当地的知名品牌。”

单品牌的多店运营，符合“边际成本”经济学原理，开店成本除了固定投资之外，最大的成本是管理和运营成本，尤其是在创业初期。钱不够可以省，可以借，但是对管理和运营的付出，以及老板的精力才是最大成本。但同品牌店铺之间的管理和运营资源是可以共享的，所以新开一家同品牌店铺的投入是远远小于开一家非同品牌店铺的。这样既提高了利润总额，又没有付出太高的边际成本。

品牌规模化，多店之间可以有效地调拨，有利于库存管理。

河南的构东东就是采取这个经营策略在河南市场脱颖而出的。2010 年，取消了河南省省代，构东东认识了片断派到河南的唯一的督导兼拓展蒋健。他们既是合作伙伴，也是好哥们儿：“他是我的领导，而我是他的大客户。我俩性格都直，没有任何的忌讳和客套，都是有话直说，不爱隐藏，交流起来特别痛快，办起事来自然直接高效，但是难免会有意见针锋相对的时候，不过我一般都会让着他，谁让他比我小呢！我成为了区域代理，销售业绩逆势增长，也从 4 年前的 200 多万元增长到了现在的直营 2000 万元。这么多年我和片断相互见证了彼此的成长。”

在片断砍省代时，构东东的母亲就开始与片断合作，几乎所有的家当都投在那个店了，如果给砍了，他们就会倾家荡产。代福顺当时说，不存在这个问题，只要你想干，我们一定帮助你。

河南市场靠的是鲍艳丽、杜东茹、辛小琴、袁艳荣等几个大神级的女士，她们生生地支撑下来了。现在她们还是片断的主力经销商。河南分公司团队通过更新换代、磨合，从加盟模式转到了直营零售模式。

良好的工作氛围与环境所起到的示范作用通过层层传递，让经销商也感受到不一样的快乐。潍坊的薛德玲说：“片断的日常沟通感觉相当愉快，工作氛围很有意思，无论客户有什么问题找到公司人员，假如是他负责的肯定马上安排。假如不是他的负责范围，也会立刻答应下来：‘好的，薛姐，这事不是我负责，我先给您联系一下，一会回复您。’很少有人说：‘这事不是我负责，你找别人吧。’这与片断有一个精力充沛的张总有很大关系，跟她聊天都非常开心，有任何困难和不满都可以找她，她总是乐于接受并且给予好多帮助。”

2015 年霸州张艳萍想在社区开一家生活馆，开始挺有信心的，等拿到店之后心里又纠结，第一次在一个新区域开店，规模比之前的店大。她把顾虑告诉了大区经理，没过两天，代福顺和孟慧开车到霸州，帮她看店面，对她困惑的问题一一做了分析，支持她开这家店。因为开店前后有好多琐碎的事，实在没方法了就给孟慧发信息，不管多晚，孟慧都第一时间回复信息，直到开业了，大区经理、督导都还遥控指挥、帮助她们。目前已在霸州开到了四家店，销售都很稳定。

通过供应链的再造和完善，设计的提升，财务上实现了更好的决策、预算，同时奉行“追求销售最大化和经费最小化。利润无须强求，量入为出，利润将会随之而来”的经营方针。这一切都是为了实现更好的营销结果。

感动顾客，会员日

“知道”和“做到”完全是两回事。从测算陶瓷烧制收缩率的例子中，我们就能清楚地理解这一点。根据文献上的知识，在相同的条件下烧结，实际结果却每次都不一样。就是说，书本上的知识和理论，和实际发生的现象并不相同。只要通过实践的验证，也就是说，只有通过亲身体验，才能看清事物的本质。

这个道理对于销售部门也好，管理部门也好，完全适用。只有亲身体验，才能把知识和理论用好用活。

（摘自《京瓷哲学：人生与经营的原点》，东方出版社）

【一群娘子军所向披靡，从当初的 1 家直营店发展到现在的 16 家店。2015 年前，业绩每年保持 30% 的增长！片断女装 1 件均价也就 300 元左右，她们做 VIP 专场，一个店，3 天销售了 55 万元，1800 多件衣服怎么卖出去的？如何服务终端消费者？精致服务，追求客户的极致体验，是淄博娘子军的制胜法宝。】

片断山东淄博分公司成立于 2012 年。2015 年做计划时，孙宁霞她们发现在淄博能开店的位置都已经布点了，拓展新店没有如意的商圈，可是每年必须要有业绩的增长，以促进企业持续健康地发展。

那个时候整个淄博的服装市场并不好，原来很多老服装经营商都在缩减业务量。孙宁霞当时比较着急，整天都在考虑：怎么做才能保证在2016年提升员工们的薪资待遇？怎样才能让全体家人感觉在集团很安全？怎样才能让优秀的家人一直和她们在一起？她们分析后，规划出：无法拓展新店就做老店业绩提升，制定全年业绩提升40%的指标！

于是围绕老店提升，她们做了一系列的规划，主要是提升人效，挖掘员工潜力，提升团队的专业搭配能力，给予更多的专业知识的培训，从而来提升联单率和客单价。

就这样训练了两个月，业绩也是蛮有起色。可是数据显示离制定的年度指标还差一大截！于是，她们在2016年3月中旬和督导、店长一道，再次针对提升方案做深挖。会议场面非常热烈，最终剖析到现在全员专业能力提升了、成交率高了，可是客户进店率少、老客复购率并没有提升。

淄博分公司经营了4年多，会员非常多，但是办完卡后几乎不再回店，太可怕了！严重地违背了二八定律。业绩从哪里来？顾客！80%的业绩从哪里来？20%的顾客！她们几乎都找到了根源！问题接着出来了，如何让20%的店铺顾客重复回店购买？如何提升老会员的转介绍？新客户要不要努力让她成为会员？这些问题成了她们思考的焦点。于是，她们创立了属于客户的日子：会员日。

“因为想要给客户留下最好的印象，既然是顾客给了我们收入，让我们不再为衣食住行担忧，那我们要不要感谢客户？大家异口同声说：要！对啊，我们应该回报客户，所以设置了每月 20 日作为会员日。创办会员日，旨在维护老会员，提升转介绍，招募新会员。”

会员日是专属会员的日子，为客户准备精美实用的礼品，为了迎接客户的到来，对店铺做了精美的布置，鲜花、小食、饮品！小伙伴们也个个打扮得漂漂亮亮！她们规定，这一天只让客户领礼品，不强制客户购物！

第一个会员日是 2016 年 3 月 20 日，她们兴冲冲地做了精心的准备。可是，每家店铺只回来了几个人，最多的一家回来了 7 个客户。一天结束，80% 的店铺都忧郁了！

知道这种情况一定会发生，所以当晚她们在微信会议里做了疏导，站在客户的角度，分析客户不来的原因，结果大家透透彻彻地明白了客户的担忧。那一刻，她们突然明白了用户思维的重要性！

第二次，第三次……

一年 12 个会员日，回店的客户由第一次的几个人变成了每家店铺 100 个人左右，业绩指标提升 40% 完美达成！客户一次比一次感动，当然她们也收到了 N 多个客户的赞美和好评。这与为客户选择感兴趣的礼品是分不开的。

起初创立会员日对于礼品送什么也曾一度很纠结，有好多个声音：礼品便宜了客户不感兴趣，开车来一趟还不够油费；礼品贵了，一天领出去几百几千份，就赔大了！

因为这一天，不要求小伙伴为客户推荐衣服，所以业绩与费用会不匹配。对于这个问题，还是回归到了用户身上：大部分客户是什么样子的？年龄、职业、家庭等，让大家开始放录像一样做了回放，经过分析，知道了大部分客户都是 35 岁左右，35 岁的片断客户都有属于自己的家！

然后又对自己进行反向调查，因为自己也是片断品牌的粉丝：“我们希望得到什么？大家七嘴八舌地说了很多：我们都是女人，可以送项链、围巾等，思考的前提要和服装有关，这样还可以促成衣服的成交！大家都在围绕这一个出发点！”

可是问题又来了：戴项链的人喜好项链的风格和感觉一样吗？答案是：不！能分清几百个客户的时尚程度吗？答案还是：不！所以礼品方向应该是：“符合大众需求，大家都能用得上，又能天天看见想起我们的品牌，想到后就会有小小的幸福感，和价格没关系，对客户来说实用、有用最重要！”

于是，引导小伙伴看客户在家庭里的状态。最终决定让礼品和服装不用有太多的关系，以她们买得起的家庭用品为主。第一份礼品送出的是瓦楞纸杯，精美的包装，小伙伴们手写的温馨的明信片一同送给客户，效果特别不错。（纸杯每个家庭都能用得着，而且几乎都是给客人用，还能帮我们做宣传，嘻嘻！）

礼品纸杯很实用，博山的客户刚好朋友去家里做客，倒了杯水给朋友，朋友问起了这只特殊的杯子！通过客户的转介绍，她的朋友也来到店铺办卡成为会员，员工当然也超级兴奋！通过这一次真心觉得礼品方向没错！

此后，开始了从厨房、卫生间、凉台等处家居用品的选择。厨房里的油壶作为礼物送给客户的时候，客户不禁赞叹你们的礼品太给力了，我的油壶都好多年没换过了！每次看到干干净净的新油壶，就想到你们！她们也受到了启发，每年为客户的厨房换一个新油壶！

盘点过去一年送过的礼品，如毛衣晾衣篮、棉拖鞋、懒人干果盘、晾鞋架、抽纸、水杯，等等，都受到了客户的好评！

从客户的角度出发，满足客户的需求，经营者也非常开心！其实只要起心动念是利他的，是对的，就一定会感动顾客。虽然他们规定不让小伙伴在 20 日推荐衣服给客户，只是给客户送上礼品，祝福和感恩！可是客户到了这种氛围的店铺，都是主动要求试穿消费！后来越来越发觉："原来我们是把要她试穿消费变成了客户自己要求试穿消费！用心去发掘用户的需求太重要了，客人的每次感动对于我们来说都是莫大的收获和幸福。"

一切的一切都关乎用心程度。同样的事情，在山东潍坊也在上演。薛德玲现有近 5000 名微信 VIP 老顾客。2013 年正月，她参加了片断的一个培训会，4 月 2 日，第一家片断潍坊泰华店开业，到现在已有 5 家店。

从没有章法到专人负责带教，从团队建设、店铺管理、活动策划、员工技能到薪酬设计、公司架构，一点点帮助她成长起来。她在很多场合都是这样分享的："在潍坊市场，我把片断品牌当成自己的孩子一样培养，像眼珠子一样爱护。让片断在潍坊成为真正意义的名牌，三年来一直都是我在维护顾客，做售后服务工作，只要有人找我，我都会让她 100% 满意。在片断，我觉得最值得珍惜的是培训。各种各样的培训让我的团队受益匪浅，尤其是每年的'熔炼'，非常实用，现场演练，回来马上投入复制学习，整个团队都会耳目一新，信心满满，业绩也就跟着提高了。"

生活方式，跳出红海

古印度的梵文中留下一位圣人的话语："伟人的行动之所以成功，与其说凭借其行动的手段，不如说凭借他心灵的纯粹。"所谓纯粹之心，换句话说，就是做事的动机纯粹，没有私心。这与"作为人，何谓正确"的说法是一样的道理。

只要抱有纯粹之心，我们就会走上一条正确的人生道路。

纯粹而没有私心，就是具备了做人的很高的见识，具备了深刻的见解。用纯粹之心作为判断的基准，做出决定，度过人生，那么，他的人生一定顺畅，硕果累累。

（摘自《京瓷哲学：人生与经营的原点》，东方出版社）

【片断这个品牌名来自影视术语，寓意人生是由无数个未经剪辑的片断组成，而最难忘的记忆汇成"我就是你最精彩的片断"这句话。这是蒋永青等几个创业者在创立品牌开头脑风暴时想出来的，但是从传播角度来说缺乏差异化，没有直接引导到某一个品牌，指向性不清晰，需要一整套的品牌基础定位。】

片断经过多次市场起起伏伏的波折，当初品色很杂。直到 2015

年，他们聘请了一个来自优衣库做事干练的高管，把原来9个色的色仓减到只有5个，素得实在看不下去。一盘货里面就几块面料，颜色也特别素，花也特别少，有些矫枉过正。

从极为花哨一下子进入到极简风格，反差很大，但是那一年极大地调整了客户的感觉。客户说，你们整成这个样子能行吗？订货会就那么点东西也订下去了，那一年销售并不差。原来片断并不需要更多的产品，只要把有限的产品做到极致就可以赢得客户。

在传播上告诉客户片断等于什么，准确的产品定位对片断竞争力的提升起了关键作用。从蝴蝶图可以清楚地看出，蝴蝶翅膀的左端是产品分析、消费者分析、竞争分析，特别重要的两个画像：产品画像与消费者画像。中间导出一个重要的观点叫作核心价值主张。核心价值主张会变成一个广告标语。蝴蝶的右端通过主要的视觉、文字表达会产生各种各样的组合，平面的、视频的等传播载体，通过不同的传播媒介成为一种全新的表达方式。

为了给片断一个准确的定位，他们在国内及海外招标，本着“专业人做专业事”的原则，一家来自台北的广告公司中标。从提出策划案到走访店铺，与店长、店员、客户等进行深入的沟通、对话，六个月间，三易其稿，完善文案的表述和VI视觉应用，终于在2015年11月完成《片断品牌定位》报告，提炼出“轻享自在，幸福由心”的传播价值主张。

这个报告完整地描述了中国女装业现状，有哪些风格、哪些品牌、目前服装产品导向、消费者导向、设计导向，行业的主要问题，还有一些接近的品牌，其中每一个品牌的品牌主张，整体风格。从风格取向（生活导向与艺术导向）与主张取向（外观层面与精神层面）的坐标中，可以清楚地知道片断处在中轴偏生活的位置。

片断的设计导向，天然棉麻材质，轻柔自然的色彩，简约素雅的设计，宽松的 H 型和 A 型剪裁，碎花及格子图纹。消费者目标客户群为都市中忙碌生活的 25—45 岁女性，以已婚家庭主妇或公教职业妇女居多；主要休闲活动是逛街购物，忙碌的生活使她们虽然喜爱文艺却没时间好好看书看展览，向往旅游却鲜少付诸行动。平日装扮淡雅，最注重款式和面料。

片断的消费者——

周旋在家庭与工作中，过着上班、买菜、回家"三点一线"的生活。生活如同不停倒带的影片，热情与活力也渐渐消失。没有时间也没有精力自我充实，对外接触渠道贫乏，对新事物的吸收程度有限，造成她们保守、不敢轻易尝试的消费特性。

她们过了爱做梦的年龄，更为现实生活打算，更懂得精打细算，重视质量与实用。岁月磨去了她们的棱角，不再玲珑有致，然而，她们对美仍有向往，希望看起来年轻、有活力、有气质。期待在平凡无奇的生活中，出现一点变化、一些惊喜，激起一些火花。然而，改变却不是这么容易：

周而复始的生活使她们麻木
让她们逐渐失去美丽与自信
失去感受生活美好的能力
也失去自己变得更加美好的动力
但其实，美好始终没离开过
只是忙碌的生活，使我们忽视它。

生活方式：富有东方智慧的生活艺术，“和”文化，深植在我们的血脉中：

> 于自然，天人合一、尊重生活；
> 于社会，和而不同、包容和谐；
> 于内在，如是观照、活在当下。

片断解放每个女人的心，抛弃世俗的枷锁自在感受每一刻的生活；片断陪伴在每一个女人身边，一起成长，一起欢笑。

片断品牌标语“轻享自在，幸福由心”：

> 幸福，并不是因为拥有很多
> 而是因为执着很少
> 转个心念，放下沉重的烦恼
> 凡事听从本心，专注每个当下
> 轻盈地享受自在的片断时刻
> 那么每一天、每一刻，就是幸福的。

王有川对这份报告特别满意。这绝对是片断的用户，非常之精准。

刚开始有人说“轻享自在，幸福由心”不朗朗上口，不好用，王有川也有同感。当时他刚好在读《超级 IP》和《社会化营销》两本书，理解今天不是一个品牌识别的阶段，以前朗朗上口为的是好识别，那是传统品牌传播时代的特征，互联网传播是双向互动，今天做品牌要走心才行，必须在情感和价值观上长久立得住，要在内心与她们共鸣。随着长期不懈的聚焦传播，才开始见效，比如在片断的任何会议上，在与客户的互动中，问到“你为什么喜欢片断”，她们张口就来“轻享自在，幸福由心”，绝对是唤起她们内心的东西了。

片断女装的自媒体，通过很多小的文章，一个顾客、一个员工的故事，或者一个旅行场景，一个案头的小物件，都不断地在传递什么是“轻享自在，幸福由心”，越来越多的人认可了。

传播的第一年，效果不是很好，因为走到这个层次确实很难。不静下来，不反思，很难理解。时间久，走心了，有一部分客户“忠粉”就是为这句话来的，尽管别人家的东西跟你家的也差不多，但是感觉你家的更温暖，更亲切。这时候就超越物质，开始进入到一个真正的生活方式里。

现在很多生活馆是物质形态的，就是说在这个场景下，顾客需要的东西给集中到一起，准确的叫法应该是集合店。集合了生活所需，家里要买的吃穿用住都有，食品、生活器具、家电……这些是不是代表生活？至少这不是生活的全貌。

王有川在这条路上走了很远。刚开始选择商品的时候，也试图把诉求定位相同的商品摆在一起，每一个品牌的背后，都有设计者自己的思考，这些思考的方向是不一样的，所以走到那个店里面，不能够真正走心。不能做到生活上的完全融入，尽管开始在选择商品上，考虑了同风格、同价位、同客群，一再从物理上考虑这些，但就是走不通。植物护肤和片断的衣服完全搭呀，怎么客户就不喜欢呢?

从杭州永旺店生活馆开始，两年换了不知道多少次商品，最后才发现，这个客户群在审美在消费上有非常细微的差别，那个差别根本就感知不到。只有不断地投放产品做测试，最后留下来她想要的那些东西，当所有的东西在同一个空间精彩呈现的时候，才是符合特定客户群的生活馆。

现在他们在做新版的空间设计，由国内和国外两个顶级团队在做，最后取一套，走通“轻享自在，幸福由心”。在这个空间里面，靠这些道具、商品、饰品，与用户沟通，要让用户走到这里不知道为什么，但就是感觉舒服。

内在大方，在小细节上和而不同。如衣服的滚边装饰，布纽扣上的手绘细节，不经意间找到取悦自己的一点点感觉，这种感觉是不希望被人看见，消费者自己喜欢就好了。而不是弄一个大 LOGO 在前面，大花在前面，那是西方的审美，东方审美很典雅含蓄。

片断最有价值的是它产品本身的定位跟它的故事。它有东方的内涵，讲的故事迎合中国人的生活观念，只要能坚持朝这个方向走下去，这个品牌就会成为一个有灵魂的品牌。对片断品牌 DNA 进行了梳理，使片断走上了从卖产品、卖品牌到卖文化的健康发展之路。服务于那些忠实的用户，是企业营销永恒的正道，在消费者的头脑中植入“品牌的种子”，将产品融入场景，是互联网时代的商业思维。

真正的品牌传播，在定位阶段要做得非常深入、非常细致，需要真正的专业团队去做。定位后要非常坚持，十年如一日，几十年如一日。传播稳定，广告形象坚定不动摇。要不断从每一个细节上提升，产品提升、服务提升、空间提升、体验提升，当内部真正走到融会贯通，任何一个员工、任何一个经销商、任何一个客户，都感受到不刻意的时候，才是生活方式。

一旦客户感觉在这个店里待着舒服，在别的店里不舒服，差异化就出来了，生活方式就走通了。品牌的差异化是非常不容易营造的，需要经营者有非常大的定力，不受外在的任何影响而摇摆。这一点团队高度认同，因为“轻享自在，幸福由心”，已经深入到员工的内心。

表现方式可以变，可以做一些新的尝试，一旦找到生活方式就不是简单的品牌。品牌可能有视觉的部分，有内涵的部分，有产品层面，还有精神的部分——这一群人所共同遵守的价值观，共同的生活方式，共同的审美取向，共同的社交。所以片断在注解生活方式的时候，从出发点、工作程序，以及今后在每一个细节上的投入，跟别人都不一样，这么做就会出现一个差异，一旦形成这个差异化的认知，片断就不再是单一的服装品牌，而是有精神内涵的一个价值主张。

走出红海，不是在产品与价格上竞争，而是在顾客心智模式上开辟了一个专区，欣赏“轻享自在，幸福由心”的顾客就会主动变成“片粉”。现在微信自媒体“片断分享平台”的调性统一，图片文字，甚至排版，从头到尾不管讲什么都不摇摆。这是品牌的定海神针，是航行在大海上的船之锚，锚定在这儿，船再怎么漂也漂不远。这是品牌与品牌竞争的最根本的东西，绝不是价格，也不是工艺、材料等的竞争。很多人错误地理解了竞争，竞争在于消费者心智模式的打开方式，你在他心智的哪一个位置，这些决定了消费者是否选择你。

在终端员工、用户的反馈中，幸福与片断现在基本上可以画等号了，不管是员工的幸福指数，还是客户买片断的幸福感觉。在终端的营造上，虽然还有让客户多买的心理，有业绩的压力，退单的现象，未来推行的极致化服务，是真正的宾至如归。

最为有温度、服务贴心又舒心的是“暖心水”，女顾客每月都有几天是特别的日子，店里会记得为她们准备红糖水、姜水，顾客来了，太感动了，这样的贴心连她老公都未必想到。只要员工的内心想着顾客的幸福，客户一定会收到这份用心。

在稻盛哲学中，讲到的日航企业文化，服务到每一个乘客，销售业绩上升。今天片断人也有这样的感受。当他们不再追求业绩指标，不再给员工增加压力，而是强调员工的幸福，强调经销商的幸福时，一切都变得不一样了。

在订货会上，每次由团队精心策划的枕边小礼物都是一个意外的惊喜。比如有一次送的卡片，正面是从朋友圈截下的照片，反面手写一段话送给她们，放在宾馆的床头，很多人看到卡片瞬间泪崩了。每次送给他们东西都会在朋友圈里晒，感觉特别幸福。

片断对加盟商客户的用心，老客户河北霸州的张艳萍体会得最为细腻入微。她参加过好多品牌的订货会，只有片断女装每次都给客户精心安排一份贴切的礼物，每次都不重样：“我每次开片断订货会回家，我家宝贝第一件事就是翻看我的行李，因为他们知道我会有礼物给他们带回来，我相信其他客户也感觉到了，她们一直在努力把片断做到更好，跟对了公司，不怕挣不到钱！”

这种用心是有传承的，张艳萍对于蒋永青充满人情味的经营理念体会很深："自打跟随蒋永青女士这十几年来，我不光是挣到了钱，还从中认识了一大批优秀的团队，和这家公司合作心里踏实。做生意不可能一帆风顺，当我遇到各方面压力的时候，公司上上下下都会挺身而出，这是让我最感动的。就拿片断来说，刚刚做的时候，什么都没去考察，只觉得是自己的风格，这个名字我很喜欢，可是做了两三年下来，业绩最多五万元，当时好多亲戚朋友都劝我放弃，说我这么执着地做下去，只会让我赔得更多。但是不管别人怎样劝说，我从始至终就没想过放弃，并且在我心中有一股很强大的动力，因为蒋总代理的品牌没有差的，更何况片断是自己苦心经营的品牌。时间证明我的坚持是对的……"

经销商有这种感受，就会带给员工，员工传递给客户，客户收到这份温暖才会很稳定地与品牌发生链接。"轻享自在，幸福由心"就通过他们的行为，层层传递给用户，在用户心里就不是冷冰冰的八个字，而是有温度的，哪怕是一杯水，一张贺卡，一个小礼物，这些加起来就等于品牌的识别。顾客是去冷冰冰的店里买衣服，还是享受温暖的服务？其实衣服已经不重要了。

大家都在变，不仅仅是哪一个店，哪一个人在变。员工幸福了，供应商幸福了，顾客也幸福了。当初制定品牌价值主张时，考虑的是消费者，没想到它时时刻刻，深深地影响到每一个接触到片断的人，影响到各个层面，已经深植于每个人的内心深处。所以只要挖到了心灵深处，它具有巨大的传播价值，长久的能量，是无可企及的。做百年企业，百年品牌，这是非常扎实的一部分。

员工态度上的变化非常大。收到顾客投诉，现在第一时间给客户道歉，正视问题，提出解决方案。原来投诉时，客户也担心，不敢投诉，不敢说；员工也担心，这么多投诉，不是找挨骂吗？受稻盛哲学的洗礼也好，幸福由心的传递也好，内心的改变，在处理这些问题的时候，就很容易得到答案。走出来一个表里如一的企业，这是很难得的。

王有川和片断的管理者们此时感觉很幸福，跟前几年完全不一样，尽管依然很忙，但是基本上没有什么烦心事。整个企业在价值观与理念、思维方式、工作方式上高度默契，甚至语言方式也一样。这样的环境每个成员都会感觉很舒服，得到一个正向激励的心境成长，每一个人都会得到精进和成长，这种成长是超越的。最初学哲学时，还没明白什么叫精神上的幸福，今天他们是受益者，他们在精神上很富足，精神上的富足优先于物质上的富足。因为“轻享自在”了嘛，追求没那么多了，特别容易幸福，所以“幸福由心”。

王有川在客户层面的经营心得

1. 无论是新品牌还是老品牌，一定要研究你的用户

我做品牌咨询十多年，研究用户是必需的功课，本章节中讲的用户座谈会，已经是老的方法，但在定性研究里面仍然很有效。老板如果有机会旁观座谈会最好，但千万不要介入，否则用户一定会说你想听的。用户座谈会聊什么，我建议基本是这几个方面：第一个是时间安排。今天的人都很忙，基本上他的时间花到哪里，钱就花到哪里，所以关注他的时间安排是一个很重要的功课，想想你的产品在他的时间中哪里会产生交集，那就是应用场景，用场景思维做产品会更加有效。第二个是要研究他在场景下的痛点。通常的痛点因为太司空见惯，所以常常不能一下子挖掘出来，这需要有经验的主持和刨根问底的态度，如果不能挖出痛点的话再加上观察法，做“客户的影子”——调查员，陪伴他的场景全过程。第三个就是挖掘他的梦想和愿望。那些想得到但还没有得到的物或事，作为愿望通常也是埋藏在客户内心中的，通常不那么愿意主动提及，也需要深挖才行。各种研究用户的工具和过程，最好能深度参与，只有感同身受，才能出现让人“眼前一亮”的产品。特别是做研发和制

造的老板，一定要有用户思维，不停留在我们的技术和产品多么牛，而是找到是哪些顾客在哪个场景下最可能消费，以及他们使用的习惯和愿望，如果能让这些顾客参与产品的研发共创就更好了，这是实现销售的根本。所以做营销是从产品开始的。

2. 不管是线上还是线下，做渠道就是要找准流量入口

我们做企业主要的钱，大部分都消耗在流量上。比如我们开店，至少要消耗掉销售额的30%左右，电商也是。最近大家努力去做微商、做O2O、做“新零售”，我认为不要被这些不断刷新的单词所迷惑，其实都是为了找到顾客在哪儿。如果对顾客的观察和研究足够，思考他们的共性，研究他们的习惯，无论是在线上还是线下，找到最方便连接到你的用户的那个点，并把这个引流的工作做透，好好做每一条广告和推文，我想这是所有经营者都需要关注的事情。能不能缩短和顾客的距离，能不能最高效地找到流量入口并实现转换，这就是今天营销的关键。当然，在信息高度透明的今天，做“好产品”也是营销的起点，之前由于信息流通较差，还能忽悠人，今天消费者变了，信息也更开放了，连大牌奢饰品的故事也少有人愿意听，只有“好产品”会说话，做让人尖叫的产品，做让人忍不住转发的产品，就是流量入口。

3. 互联网时代做品牌就是做社群、做黏性

今天的信息是双向的甚至多向的，之前的是单向的，所以广告特别贵，那时候抢电视台标王、抢渠道终端，为的就是提高曝光率。有人知道你，然后才能购买你，那时候物质没有今天这样丰富，人

们的购买欲望很强，所以总能实现销售奇迹。今天所有的领域几乎都全面竞争了，社会也进入了低欲望的时期，人们不那么缺少东西，简单的广告难以唤起人们的购买欲望，那就要增加一些非物质的东西，比如情感、故事等人格化的东西。比如“褚橙”，与其说人们在买橙子，不如说人们在买一个老人的励志故事；比如网红、明星推荐的服装，你是在买那条裙子吗，其实内心是在买明星梦。今天明星也不那么有号召力了，人人都可以写作，人人都可以拍小视频，人人都具备成为网红和大 IP 的潜质，所以单纯是企业做的内容还不足够酝酿成传播的价值，就连可口可乐也在学习江小白，在罐子上出现网络用语了。如何让用户发出声音，激发 UGC（UGC 就是用户生成内容的意思，即用户将自己原创的内容通过互联网平台进行展示或者提供给其他用户）是传播的关键，所以今天做品牌就是做社群，通过魅力人格，转化到品牌文化，比如马云、董明珠、王健林都走向了前台，与用户建立共同语言，让用户嗨起来，这也是小米、雷神等的成功之道。

4. 要想做到“用户第一”，需要管理上做到“员工第一”

大家都知道“用户第一”，但是传递温度靠的是人。五星酒店里标准化训练出来的笑容难以让人感动，“回来了？”小区门口小卖部阿姨的一句问候却让你备感温馨，所以想要实现用户第一，首先是在经营理念上做到员工第一。稻盛和夫先生所提出“敬天爱人”的经营思想，把追求员工物质与精神的幸福作为公司经营的第一目标，认为只有“实现全体员工物质与精神两方面的幸福”，才能够真正“为人类社会的进步发展做出贡献”。

我经常听到企业家说缺乏人才，或者说无法把他们塑造为人才。凭个人经验，我认为有三点是重要的：第一是信任。海尔文化核心是“人是目的，不是工具”，只有你把所有员工作为合伙人来看待，做到“玻璃一样透明的经营”，开放经营的数据给核心员工，人人参与经营决策，在不断的经营实战中，他们才能成长，开放、接纳、充分授权、允许犯错，这是所有的起点。第二是率先垂范。经营者只有永远身先士卒，做别人不能做的事，受别人不能受的委屈，把自己勤奋工作、努力学习与钻研、在困难面前不屈不挠的一面展示给员工，才可以激发员工不断努力克服困难的斗志。第三是要结果导向。不是说“员工第一”就没有考核和淘汰机制，企业应该为所有员工提供公平竞争的平台，不分亲疏远近，不分先来后到，只有经营成果和经营数据是唯一的导向。可以量化的指标一定要量化，不同的时期和项目，可以采用不同的维度，创新也是维度，服务也是维度，和创造销售业绩的贡献是一样的。但是对不出成果的“小白兔”，一定要让他离开，对少数人的宽容，就是对大多数人的不负责任，做经营者是为整个公司或整个部门负责，这时候就需要推行赏罚分明的体制，否则在严酷的竞争中，如果不前进就会被淘汰，那么全体员工就可能会失去工作。

第三　流程篇

在服装里面，如果是面料到了以后再生产，生产以后再交付，在交付的时候可能不是一百款产品而是两百款产品，甚至更多。要是等到最后一款产品出来以后再发货，就会发现出现拥堵现象。在拥堵的时候，用全计划工作流进行拆检，把串行逻辑变成并行逻辑，引进 TOC 逻辑，又会发现现有组织不适合这个逻辑。组织从平行化并行变成中心制管控，按照全计划工作流的方法进行调整的办公空间。接下来，该培训的培训，该上软件的上软件，培训以后的员工会用工具了，TOC 就能做完，也就升级迭代了。

令人头大的供应链

想要成就新的事业，首先，要抱有“非这样不可”的梦想与希望，超乐观地设定目标。这比什么都重要。

要相信上天赋予我们的无限的可能性，自己对自己说：

“我行，一定成功！”自我激励，振奋自己。但到了制订计划的阶段，在保持“无论如何必须成功”的强烈意志的同时，要悲观地审视构想，要设想到一切可能发生的问题，慎重周密地思考对策。

而在实行的阶段，又要抱定“必然成功”的自信，乐观开朗，坚决将计划付诸实施。

（摘自《京瓷哲学：人生与经营的原点》，东方出版社）

【当时没有计划部，核价是毛估，买面料也是毛估，到生产的时候有的面料多了，有的少了，而采购的不准，最终导致了生产的不准，致使该交货的交不了，营销人员叫苦连天。】

如果不懂得优化材料供应的节奏，面辅料不能按计划到位，货品就会在半成品或成本环节滞留，只要同一波段订单的款色没有到齐，大量的货品就要在库房等待，从而导致整个流程的迟缓和不顺畅，库存就在流程的各个环节开始产生。

知已属不易，行更加艰难。供应链优化被提上日程，整个供应链条那么长，细节那么多，从哪里开始，选取最佳着力点，才会牵一发而动全身呢？这时候王有川暗下决心要改变，不会干可以请外援，花钱外请高管，但一定要让供应链的流程更加合理、更加科学，让库存商品更少。

谷卫兵从面料采购环节上动手，重新制订计划部的工作流程，改变以前毛估用量的土办法，通过调整排版工作（大货生产前的面料排版）的流程，将订货会以后再排版，改为订货会前。这样面料用量提前核算好了，采购计划就可以往前走，采购更准确更及时。虽然排版环节的工作量加重了，但这一流程的改变大量减少了不准确和不及时造成的面料库存。

几年来，片断女装的质量，无论从质地、款式还是做工等来考量，都不知道好了多少倍，但是平均吊牌价仅从459元升到469元。如果以物价上涨指数的水平计算，这些年片断对于消费者的回馈，也是相当可观的。好的企业，价格一小步，质量一大步。

一切的一切都源于人，找对了人，一切的问题就都不是问题了。当初谷卫兵所面对的是怎样的情景呢？生产部经理离职，货品都交货了，财务看不到合同，更不用说财务监控了。生产计划制订不当，很难实现。其他各个环节也都各自为政，信息不顺，出了问题，相互推诿。整个生产是没有计划性的，面料没有采购合同，单价不清楚，更不知道下给哪一家；生产过程中，竟然不知道什么时候出货，整个生产完全就是失控的状态。

成本核算完全是靠拍脑袋确定的，比如一件衣服单件成本用量是多少，都是样衣组长用巴掌毛估决定的，这个用 50 厘米，那个用 60 厘米，但是大货出来相差很多，有的甚至相差 1 米。不靠谱的成本核算导致的后果就是盲目的采购；采购多了就是一堆库存，甚至连入库手续都不办，直接将原料堆在库房中。狭小的面料仓库，没有次序地胡乱堆放，没有规范的进出流程手续……

兵哥头都大了！

这种状况，营销在前方铆足了劲儿打，后方却没有子弹供应，甚至是哑弹；即使赶上畅销的产品也无法保证正常、顺畅、优质地供货；如果赶上滞销的款式，返回的库存，日积月累更是一个灾难性的后果。

没有计划部，核价是毛估，买面料也是毛估，进入生产环节，面料就无法保证供应；采购不准，导致生产不准，致使该交的货交不了，前端的营销人员就无法履行合同。怎么办？谁来管？兵哥是不二人选，成立了计划部。

加工厂好比一个烫手的山芋，送出去后都如释重负。生产是外包了，但问题又来了：面料采购是一个关键岗位，中间的猫腻很多，也不敢让别人去做，怎么办？只能兵哥自己硬着头皮往上顶！

兵哥当时根本不能辨别面料的好坏，价格的高低，甚至连基本的梭织和针织都分辨不出，只好凭借着一股韧劲硬顶了下来。经过反复摸底，明确了当时片断供应链的六大问题：面辅料不准确；无监督、复核、考核的部门；无主人翁意识；缺少专业化的经验管理；目标不明确，无计划；财务监控不到位。兵哥转到计划部工作后，如饥似渴地学习，计划部是供应链的大脑，重振片断生产的重担兵哥挑起来了！

好在计划部已经初步走上了工作轨道，核价、面辅料计划的分解都基本按照正常流程在做。接下来兵哥开始走访各个加工厂，和他们反复确认产量，因为当时是冬装生产最紧张的时候，冬装也是服装一年中最为重要的环节，经过跟进，冬装明显比前面有所改善。

订货会后，将面辅料分解完，形成面辅料采购单，兵哥领着计划部的同事来到柯桥市场下单。来到第一家，兵哥基本不说话，就听面料商说这块面料是什么规格、什么成分、什么密度、什么染料，等等。再到第二家，拿着第一家的信息去谈，当时所有的面料商都不知道兵哥根本不懂面料，反而认为他是行家。回到公司后，兵哥进行建档分析，慢慢沉淀，成为自己的知识。就这样，一季一季，一年一年，兵哥也成了面料专家。采购环节也有很多的供应商提出回扣等诱惑，但兵哥都以他是公司的老板，只要他们给最低的价格就可以的理由回绝。经过几年，在服装界这么纷杂的环境中，逐步树立了片断是纯洁的，没有任何回扣的业界好口碑。

面料采购已经慢慢熟悉和习惯，接下来更为重要的就是生产外发了。工厂外包后，由于管理不善，交期和质量也出现了一系列问题，于是，经过再次转让给了当时对生产很精通的汪兆彪，后面的3年也证实他们的选择没有错。在关键的3年中，汪兆彪生产了片断三分之一的订单量。这次是彻底地砍掉了工厂。

单凭一个工厂生产会缺乏竞争，需要更多的加工厂资源进入，于是外发的重任顺理成章地落在了兵哥的肩上。和面料采购一样，外发他也是新手，对于工序工价也是一窍不通，为了不高于市场价，他对前几季的外发价格反复研究，对各个品类也深入了解，很快外发的工作也慢慢地适应了。为了生产能保质保量地尽早交货，他不断地找合适的加工厂，不断地筛选，逐步将片断的加工厂稳定了。

2012 年是片断慢慢发力的一年，订单量开始慢慢地大起来，兵哥也开始走入了一个新的困境：毕竟进入服装圈才两年，又兼着计划、采购、外发、品控、财务出纳等太多的工作，随着片断势头的好转，他越来越吃力了，几乎天天加班工作也做不完，怎么办？找外援！于是，负责生产的张仲兰进入了片断供应链。她是办事风风火火、麻麻利利的急性子，和兵哥的性格互补，很快进入工作状态，为兵哥减轻了很多工作负担。

全计划工作流

“在相扑台的中央发力”，指的是把相扑台的中央视作边界，一开始就寸步不让。要用这样的心态对待工作。

以交货期为例，不是按照客户要求的交货期安排生产，而把完成日期设定在交货期之前的若干天，将其作为“相扑台的边界”，使出浑身解数，竭尽全力遵守交货期。这样，即使发生意外的情况，因为离“相扑台边界”还有余地，就能够从容地采取应对措施，避免给客户带来麻烦。我们必须设置这样的“安全阀”，切切实实推进工作。

（摘自《京瓷哲学：人生与经营的原点》，东方出版社）

【对整个生产供应链最有影响的一件事当属2013年冬装销售，因为生产供应链流程特别混乱、特别无序，各部门组织设计、采购、加工等环节衔接不畅，应对措施不到位，致使交货延误，消化率非常不好，导致公司损失了800万元。这对于当时的片断可不是一个小数目。】

800万元的损失，深深地刺痛了供应链的负责人谷卫兵。到底哪个环节出现了问题？到底是哪一款出现了问题？哪个工厂出了问题？因为没有数据支持，不知道哪个环节出了问题，所有的东西都是茫然的。

2013年是片断快速成长的一年，而其供应链还停留在手工账、简单的EXCEL表格阶段，部门与部门之间信息不互通，查个面料要跨越数个部门；成本不透明、财务无法实时监控等。这些已经不能够支撑片断驶向更优化的供应链变革！怎么变？如何变？他们曾尝试各种软件，想要解决供应链陈旧的手工模式，也试验了一些，但最终都不了了之。

供应链该何去何从？

由于这一年夏装订单比春装翻了3倍多，夏装生产伊始，张仲兰发现了供应链中的生产、品控、后道等环节有很多需要改善改良的地方，按照实际经验和行情，对外发价格、质量、货期、合同签订调整执行。原有的合作伙伴都因为价格、质量要求、货期等各方面原因不愿配合，又每天到公司观望，希望片断妥协。张仲兰没有畏惧，利用原有资源开发新的合作伙伴，综合各方面问题把单子一个个安排出去。这时前期合作工厂也慢慢地继续配合起来。张仲兰和新老合作伙伴一直在沟通改进，生产跟单人员、检验员要求每个人必须提升质量意识，质量是企业发展的生命，后期就是争取时间，提前一天时间就是赚取更多金钱。

夏装在磕磕碰碰中完成，后期品控部门统计后道产生次品衣服近2000件。有几个加工厂向领导投诉，说质量没有问题为什么打次品，公司研发、生产、品控随即召开碰头会议，衣服当场试穿检查，检验出来确实是部分衣服没有质量问题。“蒋总当场宣布撤销品控部领导的职位并调岗处理，对后道人员进行调岗调整。因为蒋总处理事情的公正和她对合作方的大爱，我内心发誓一定在这个大家庭努力工作，尽我所能，控制和提升供应链各个环节，也就是品控生产一起抓。说到老员工怎样与企业一起成长，关键是我们与老板能否在经营的价值体系上达成共识，把自己的命运和公司的命运联系在一起，一切都感觉是息息相关的。蒋总的大爱让性格急躁的我变得更加稳重，更加成熟了。”张仲兰回忆当时的情景说。

秋装开始步入生产，为了提升供应链和促进公司发展，请来了北京的顾问老师，梳理研发、生产管理体系流程，再一次对人员管理做调动分配。公司聘请了一位研发、供应链一起抓的高管，精明能干，很有魄力和能力。再次梳理了财务表格、设计、研发、板房、生产技术，对供应链等人员进行调岗，张仲兰和兵哥在拼命地跟着她的节奏工作。

随着公司发展壮大，供应链组织机构重新调整，人员从二十几个增加到五十几个，成立了生产一部、生产二部、毛衫部、CAD 部、计划部、面料采购部、品控部与供应链中心。而后道全部划分到品控部，生产无法安排后道产量和控制出货计划，这显然是不合理的。张仲兰遂向领导提了出来，虽然后来对后道进行了调整，但是这年的冬装却因为供应链问题，损失惨重。

从 2014 年春季开始，兵哥要求把生产、表格的设计、人员的安排、谁做什么、谁跟进什么，全部以数据化呈现，用数据说话。

只要数据关注在哪一个点上，结果就在哪里。当大家看到整个数据，哪个款交货完成率只有多少的时候，他们的关注点就会到这里。这是支持整个生产的准交率一直在攀升的依据和动力。

经过调整，2014 年的供应链为片断的井喷式爆发奠定了坚实基础。在原来的基础上更加数据化：每个款哪天交了多少件，什么时间交清的，每个波段的准交率，每个季节的准交率，每个款的质量合格率，追单的周期等，全都清清楚楚的，一目了然。将生产供应链各部门细化，生产部有了比较，不至于受一个生产部绑架。这些数据的获取，全是由计划部负责统计及跟进的。

2015 年，片断供应链对面料和加工费实行“成本分析法”定价，让供应商清清楚楚、明明白白赚取合理利润，中间很多供应商的猫腻都消失得无影无踪，很多供应商刚开始反应是强烈的，这有悖行业的潜规则，使得采购人员的灰色收入无藏身之地。但他们依然坚持，最后这样做竟然成了他们获取合作商信任的一个重要因素。

片断供应链更加坚固，各部门人员更加稳定，整个供应链呈现出欣欣向荣的景象。这一阶段有个很形象的叫法——“大跟单”与 PK 机制。这时谷卫兵那颗时刻悬着的心，终于可以放下了。

片断改变了整个的作业流程，实行“大跟单”，即从跟单前到入库，从头到尾是一个人，对这个事情、这个商品负总责，进行全检，全检之后还要盖章。从冬装开始贴防伪标，防伪标贴上去之后是一次性的，如果揭下来就会破坏掉，这样无形之中加强了整个跟单的责任心。这件衣服是谁检测过的，必须对这件衣服负责。

从 2015 年冬装开始，片断供应链还增加一个在入库之前的门检环节，因为每个人对跟单检测意识可能会有偏差，他觉得这款衣服差个 0.5 厘米是可以的，片断的标准可能是 0.2 厘米是可以的，可能就因为这样标准的不统一性就会放行。所以在这一环节再设一个关卡，保证了入仓之前的货品需要达到片断的标准，所有的货品从2016年秋装开始已经实行全检，通过这样一个大的调整给品质带来质的飞跃。

供应链的进度是大家关注的，那么片断整个生产供应链的体制是什么呢？兵哥自然有自己的打法，他罗列了10条。这些制定出来容易，要一一落地才会有效，其中很重要的一项就是PK机制。PK机制非常有用，也非常关键。生产部分为三个部门，每天都会将PK的结果公布在供应链群里，每天波段交货的进度、完成率进行大PK，因为每个生产部的经理非常要强，当他看到自己落后于别的部门时就会拼命去完成。

采购部的PK机制，是每个业务员进行PK，自己处于什么状态？质量合格率是多少？一波完成率怎样？所有的东西都强调看板式管理。看板式管理对整个生产供应链的提升非常大，PK的东西都要上墙，每天抬头都能看到。通过PK环节的刺激，把每个人的潜能发挥出来。经过短期的一些调整，包括前面的一些工作经验的积累，打造出一个属于片断的柔性供应链！

经过几年的沉淀，片断供应链形成了自己独特的八大机制。（见下图）

一般的组织架构是金字塔形的，但片断的架构应该是呈扇形的，它有三个扇叶，一个扇叶承接研发中心，一个扇叶承接商品中心，一个扇叶承接整个生产中心，而中枢则是计划部。这是针对片断量身设计的全新流程——全计划工作流。

八大机制

如果存在简单工作的机制，
就能避免不必要的工作；

如果存在信息共享的机制，
就能提高工作效率；

如果存在传承经验与灵感的机制，
就能活用流动性人才。

——摘自《解密无印良品》

片断创建机制

随着顾问老师的入驻，各个优秀人才的进入，片断的供应链由以前的散乱走向现在的强大，而管理层也从一无所知变得相对比较专业，对流程、人员定位、岗位职责、表格统一都做了规范，也实现了快速的成长！

更为难得的是顾问团队对他们前期计划部工作大大地肯定，认为他们独创的这些表单很有用处，做了微调，继续使用。得到肯定后，片断供应链犹如发动机加满了油，充满了战斗的力量。一年下来，供应链真正地实现了“全计划流”。

谷卫兵说起往事，憨厚的脸上泛起些许红晕，其中有困苦，有无奈，有辛酸，更多的是欣慰与自豪。他从一个从没有接触过服装的人，变成了一名服装供应链的专家。通过对服装的全方位了解，开创服装计划新模式“全工作计划流”，协同生产供应链，让货品准交率提升到99%，实现了供应链的快速供应。

供应链从砍工厂、定流程、定人定岗、供应商筛选中慢慢稳定下来，经过三年的经验积累，片断的核价体系逐步形成，全计划流也初具形态，形成了以计划部为核心，主导整个生产供应链的体系。

效率就是决胜供应链，以前叫决胜终端。决胜终端要不要做呢？当然也要做，企业数据化能力不断提升，终端零售现在已经变成了整个链条中的一环，不能脱离销售说供应，当然也不能脱离研发和生产说销售。

历史上从来没有像今天一样进入系统的竞争，企业的核心竞争力已经是供应链全链条的全面竞争，从营销终端这边的“毛细血管”到最“心脏”的研发和制造一起发力，片断是如何一步步走通这个旅程的？答案是，供应链升级，从并行到串行，从传统供应链到柔性供应链。

TOC柔性供应

把交给自己的工作作为终生的事业，拼命努力做好，这一点很重要。但仅仅这样还不够，更重要的是：在努力工作的同时，还要每天思考，每天反省，“这样做已经足够了吗？”并不断改善改进。决不能漫不经心地重复与昨天相同的工作。

在每天的工作中，要经常思考，“有没有更好的方法呢？”同时，带着“为什么”的疑问，今天要比昨天好，明天要比今天好。对于交给自己的工作，要不断思考如何改善改进。这样反复钻研，就会发展成为有创造性的工作。重复这样的过程，就能带来巨大的进步。

（摘自《京瓷哲学：人生与经营的原点》，东方出版社）

【中国服装行业普遍应用的运营模式是订货制。品牌公司通过加盟商或者代理商层层订货，最终将“产品”呈现在消费者面前，品牌公司给予代理商一定数量的退换货率（一般在10% ~ 20%）。】

订货制模式在中国服装行业发展初期获得了空前的成功，品牌方获得了渠道，加盟商获得了更好的设计、品质和服务。随着市场竞争的日趋激烈和消费者需求的日益提升，订货制的弊端越来越显现出来。而核心问题是消费者需求不确定，主要体现在总量需求不确定与款式需求不确定。

在总量方面，订货制的企业会提前6 ~ 9个月召开订货会，在订货会上要确认这个产品季的销售指标，要求客户按照指标把货订回去。这时，指标的制定往往都是预测的，加上退货率本身就是供需双方权责不对等的方式，品牌方往往希望加盟商多订货完成业绩指标，加盟商希望少拿货怕承担库存，这个过程让双方都比较痛苦。这是很无奈的，由于供应链水平的限制，加盟商也担心在实际卖的时候没有货品，往往接受了相对比较高的指标。可是这种基于预测式的指标与实际销售总是有偏差的，一旦市场实际销售低于预期，就会造成库存。

在款式需求方面，现在的消费者面对着海量的购买渠道和海量的品牌，不再接受品牌方的主观宣导，而是根据自己当下的心情购买喜欢的产品。这就意味着把握消费者需求变得越来越难，加盟商只能凭借眼光和对消费者的理解来进行订货，其偏差可想而知。这又造成了大量的库存。

而库存已然成为压死服装企业这头“骆驼”的最后一根稻草！为了从根本上解决这个问题，集团开始走上了学习和应用TOC理论的道路。

高德拉特所著的《目标》一书中，讲述了一群童子军如何在一次野外探险中按照预定时间到达指定地点。让走得最快的孩子走在最前面，走得最慢的孩子走在最后，势必拖累全队所用的时间；如果将走得最慢的孩子放在最前面，势必影响整个队伍的进度，而且引发走得快的孩子的抱怨；最好的办法是分成几个路段，让先到达的孩子在营寨准备野餐和帐篷，让最慢的孩子走在中间，有后面的孩子敦促，也不至于走得太慢。当然，最理想的做法是将孩子们用一条绳子连接起来，步调一致。

相同的道理，也可以将企业或机构视为一个链条，每一个部门是这个链条的一环。如果想达成预期的目标，必须改善最弱的一环，也就是从瓶颈的一环下手。换句话说，如果这个瓶颈决定一个企业或组织达成目标的速率，必须从克服该瓶颈着手，才可以更快速的步伐在短时间内显著地提高系统的产出。

那么服装业系统的瓶颈在哪里呢？答案是显而易见的——门店！只有门店产生了销售，整条服装商品供应链才会实现真正的价值转化。运用TOC理论提升瓶颈就要提升销售，一定要生产消费者真正想要的产品，而消费者的需求一定是在当季销售时才能真实体现，所以改善就聚焦到了快速反应供应链的实现。必须将供应链体系打造得足够快速，不再依赖订货会的提前预测式生产，而是把精力转向当季生产，生产消费者真正想要的产品，也就是柔性供应体系的打造！

通过多年的实践，集团产品中心总监李红光认为柔性供应主要体现在两个层面：

第一个层面，能够实现当季的快速翻单和研发。当季的快速翻单，通过调整生产优先级，改善流程，缩短决策时间来实现。当季研发如何做才能够更加有效和精准呢？运用各种新型互联网工具。在商品销售数据产生后，及时分析市场竞品和自身产品的销售，发现当季研发的空间，利用互联网工具在核心VIP中进行投票，得票高的就会进行生产，真正让消费者选择自己喜欢的产品！事实证明，这样的投票准确率极高，消费者投票结果产生后，后台快速设计、生产，两周内就可以上市。

第二个层面，柔性就是供应链有足够大的弹性，以应对市场环境的变化。在市场环境向好时，可以实现产量的快速扩充，提升公司业绩；在环境不好时，可以缩减产量，不生产库存，同时也让工厂获得基本的收益保障。因为TOC模式拉式生产的原则，虽然也会有零售目标，会有整季货品需求规划，但是真实的生产并不完全发生在产品真正销售的半年前。TOC区域的商品有一半以上的货品资源是在产品真正上市后根据市场反馈来进行生产的。如果这个季节市场反馈好，销售增长高，那么将调高未来商品生产总量预期；当这个产品季终端接受度不高时，将主动下调生产预期，永远将商品投放与当下市场的需求紧密结合。这样无论外部环境如何，TOC模式都可以帮助企业实现平稳的过渡。

过去片断的补单模式是传统的，一些店铺有了补货需求，如果遇上库存没有货，无法满足，商品AD就会统计需求，准备上报给经理来生产补单，同时AD在汇总需求时，又觉得这些款挺有销售潜力，就会给新店预备一些数量；店铺需求加上新店需求的数量汇总到经理的时候，经理也会想要给总仓和其他区域新店备一些货，为了后期方便快捷地补货；补货需求再一次被放大，到了供应链计划部的时候，又被告知，不够生产数量，无法生产，商品为了可以将补单生产出来，又咬牙接受了最低的起订量，这种效应被称为“牛鞭效应”。

供应链上的信息流从最终客户向原始供应商端传递时，由于无法有效地实现信息共享，因信息扭曲而逐渐放大，导致了需求信息出现无法预测的巨大波动。“牛鞭效应”是市场营销活动中普遍存在的高风险现象，直接加重了供应商的供应和库存风险，甚至扰乱生产商的计划安排与营销管理秩序，导致生产、供应、营销的混乱，解决此难题是企业正常的营销管理和良好的顾客服务的必要前提。

当柔性供应链的概念导入后，慢慢地小单也可以生产了，变化最大的是入职片断的张仲兰。从刚开始接到补单的时候，下意识告诉客户商品“补单交期长、起订量高、工厂无产能生产”，到TOC开始导入时，面对追单，总是开心地说“还有追单吗？没问题，我们保证交期内交货”，再到现在的商品要求15天交货，她说“不用15天，我12天争取全部交完，让店铺早点收到货品”。对于一些反映好的面料，也主动备上几百米面料，最终根据销售数据，来决定做最畅销的款，而不是以前的拍脑袋定，也不是按照自己的眼光每个款都平均下量。

搬家，拆掉部门墙

为了达成目标，一定要让全体员工都知晓这个目标，并彻底贯彻。也就是说，这个目标要为全员所共有，大家都把这目标当作自己的东西。

不论是销售部门，还是生产部门，当月的“销售额”“生产总值”“附加值”“单位时间附加值”等这类数字，一定要装进全体员工的头脑里，在车间里、职场里，不论问谁，都能马上脱口说出。

在京瓷的“阿米巴经营”和“单位时间核算制度”里，由于全员知晓目标、共有并贯彻目标，这样就提高了每一个人的参与意识，从而形成齐心协力实现目标的巨大能量。

（摘自《京瓷哲学：人生与经营的原点》，东方出版社）

【随着柔性供应体系的深入打通，对信息的准确性和及时性的要求也越来越高。公司战略层需要完善大数据分析体系用于经营决策支持；营销板块需要后台商品生产备货进行销售引导；商品板块需要前端销售数据和消费者需求进行追单和当季研发决策；生产板块需要了解销售情况决定生产优先级……】

多年经理人背景的王有川对数据的需求很强，所以片断在很弱小的时候，他的头脑中就开始进行信息化的构想和小规模的实践。

2015 年年底，张书颜向王有川反映说因为供应链与营销不在一个楼里，影响沟通效率，但是换的话会增加租金，装修不久的办公室也会为此浪费了。

王有川早有此想法。很多先进企业都是开放式办公，而片断一个部门一个房间，沟通一个小问题要开会，招一个经理进来就想要单独的房间，不然就没有“当官”的感觉。这种效率怎么满足柔性生产的要求？不但要换写字楼，而且要把部门取消掉合并为产品中心，研发、技术、计划、采购、生产、商品运营等都是产品中心的一个职能，是节点。

2016 年，“智慧产业园”宽敞明亮的写字楼，在一个 2000 平方米的大平层里，王有川把从决策到经营整个循环，每一个流程各个岗位如何排布亲自用手稿画了出来。

这是片断第三次搬家。从街道工厂 + 小区物业阁楼，到工业园，再到智慧产业园，企业在进步，流程在优化，人员在成长和引进，每次搬家也标志着片断的一次蜕变。

现在开会根本不用会议室，拉一根龙门架，大家看着样衣，面料、企划、采购、生产各环节的人聚在一起，站着几分钟就把事情说完了，不但效率提升，慢条斯理的习惯一下子变了，连说话的语速、走路的步子也变了。每天从园区中心的现代化餐厅出来，员工的胸脯也挺起来了，连穿戴都变得时尚了起来，真是时势造人啊。

商品团队破冰

京瓷自创业之时，就非常重视独创性，从不模仿他人，一直凭借独特的技术与对手一决胜负。其他公司不敢接手的订单，我们欣然接受，之后全体员工拼命努力，创造出这种产品。随之也就确立并积蓄了一项项独创性的技术。

譬如，京瓷曾获得过大河内纪念生产特别奖、科学技术厅长官奖等奖项，特别是多层封装技术的开发成功，更有力地证明了这一点。这项技术为京瓷飞跃性的发展带来了机会。

抱着无论如何也要成功的强烈的使命感，每天钻研创新，一步一步积累，必将孕育出卓越的发明创造。

（摘自《京瓷哲学：人生与经营的原点》，东方出版社）

【李红光以顾问的身份，第一次给集团内部培训TOC模式时，收获的更多是疑惑的眼神与质疑的声音，会场里充斥着诸如“供应链真的能快吗”“少订货指标完不成怎么办”等疑问。】

任何的企业变革总是不易的，自然而然的惯性使得很多企业在顺境中消耗掉必须时刻保持的警惕，从而丧失优势，甚至将以往的优势转化为现今与未来的颓势。

2015年年初，因为一场“TOC模式下商品全流程管理”的培训，李红光有幸结识了片断这个服装品牌，片断也成了他的又一个咨询客户。他说：“当时片断团队积极的学习态度，对新知识的热忱和渴望让我印象颇深，我也曾一度认为这样一个富有学习力的团队，自身的商品供应链管理水平也一定不会差，但项目启动阶段的调研结果却着实给我泼了一盆冷水。”

从架构上来说，当时片断商品部属于营销中心的子部门，每日的工作无外乎协助各个营销大区进行发货、催款、处理各种客诉等执行性的工作。团队所有成员对商品管理的认知几乎为空白，更不用说宏观商品计划管控、订补结合等这些高阶的商品运营知识了。

在模式认知上，片断是典型的传统订货制企业，公司近几年实现每年超过50%的回款增长，这也反向加重了大家对于订货制的依赖，由于每年高企的指标，所有人都奋力在订货会上实现订货业绩的突破，少有人关注日后的零售和商品结构。这也就导致了片断年年订货指标完成得非常好，但是终端售罄率始终无法获得实质性的突破。

再有，供应链与商品运营脱节，内部沟通不畅。由于片断典型的订货会订单的特点，当季几乎没有补单空间，所以片断供应链对补单的重要性几乎没有任何的认知，补单交期动辄1～2个月，商品人员看到如此长的交期，就不敢下单，每次补单量都很小。这时多数款就面临着不足最小起订量、单子过小导致生产效率低下，工厂不愿接单等各种问题。最终就是商品不敢下单，供应链不愿接单，一提到补单，双方都充满了委屈，也不断地在抱怨。

为了更好地打造柔性供应链，建立片断品牌未来的竞争力，李红光正式加入了公司，成为集团的一分子。从此，也正式踏上了他在公司的“破冰之旅”。

之所以称之为“破冰”，是因为李红光“在第一次给公司内部培训 TOC 模式时，收获的更多是质疑，耳边充斥着‘供应链真的能快吗’‘少订货指标完不成怎么办’等各种质疑。于是，我在思考如何能让大家相信”。

在 2015 年，商品部正式独立，为了让团队快速打破原有的固化思维，适应未来模式发展的需要，开展了“决战 168”商品部重建项目。希望通过 168 天的时间，对伙伴们进行全方位培训，实战演练，最终让大家掌握商品管理的技能。

那一段时间，大家都很辛苦，上午要处理日常的工作，下午和晚上还要接受高强度的密集培训。工单游戏、拉补游戏、沙盘演练，通过这一次次的演练，TOC 模式开始在伙伴们的心中生根、发芽。

渐渐地，办公室里不再为订货指标的完成而沾沾自喜，全员开始关注商品结构、客户补单，大家都意识到，只有提升补单比例，才能真正从商品角度帮助店铺实现业绩的增长。

渐渐地，催款的电话少了，和店铺沟通商品状态，如何通过商品提升业绩的电话多了，客户对商品人员的信任度也在日益提升。

渐渐地，每日发完货品就无所事事的状态少了，大家都在进行商品的深度分析，团队内将各种分析方法进行分享的时间多了。

慢慢地，包裹在商品团队内心坚固的冰层，开始融化了。

【案例】

2015 年 10 月，齐庆余加入片断。他给大家的印象是：个子瘦小，行为腼腆，不善言谈，话说得很少，但事做得很多。

齐庆余在原公司接触过 TOC 的商品运营理念，对 TOC 模式也有着自己的理解，为了方便伙伴们更好地了解新的运营模式，2017 年 2 月份的时候，小齐利用工作之余，结合自己对商品部工作流程的了解，重新梳理了一份“商品运营手册”，把商品部的日常工作流程描述得淋漓尽致，不放过任何一个细节！

从订货到商品整合再到上货计划，都有详细的时间节点，还有后期针对活动制作的活动日历。这无疑是一本完整的商品工作手册，就算是不懂商品的人大概也能从中了解商品工作了。

这份商品部运营手册的制作，前前后后花费了半个月的时间，小齐还组织了微信会议，对全国商品进行培训讲解。把自己的工作做到更好就叫作创新，小齐用自己的实际行动践行了这一点！同时团队内将各种分析方法、工作工具进行分享的次数和时间越来越多，大家的能力也越来越强。

订补结合，爆款的力量

人总是有各种不同的想法，如果每个员工都各行其是，公司将会怎样呢？

每个人的力量不能凝聚到同一个方向，力量势必分散，就无法形成公司的合力。

看看棒球或者足球之类团体性比赛就会发现，全体队员向着获胜的目标齐心协力的团队，同那些各自为战、只追逐个人目标的团队之间，实力的差距一目了然。

当全体员工的力量向着同一个方向凝聚在一起的时候，就会产生成倍的力量，创造出惊人的成果。那时一加一就会等于五，甚至等于十。

（摘自《京瓷哲学：人生与经营的原点》，东方出版社）

【2015年冬季，客户订单饱和，几乎没有任何可以追单和翻单的空间，但就在这时，一个爆款羽绒服92090横空出世了。92090一经上市，立即全国热销，很多区域很快开始断货了。】

这时，后台的商品人员开始纠结，要不要追单？如果追单了，羽绒服追单周期很长，追出来会不会卖不了？追出来会不会影响其他款式的库存呢？李红光自豪地说："为了让大家相信爆款的力量，我们义无反顾地选择了——追！"

为了缩短后续补单的补货时间，在第一单追成衣时，同步储备面料，这样后面再追单时，只需要等待一个生产时间，补货时间大大缩短！结果是让人惊喜的，92090 因为后续持续的供应，在全国持续热销，最终年前全国大促销时，92090 全国范围内不打折原价销售！而且到了季末，公司没有一件库存！

这件事让公司很多板块都震惊了，大家开始意识到，畅销款当季真的能追出来，畅销款的销售潜力真的是巨大的。于是在 2016 年，全公司总部自营板块的商品运营向着订补结合的方向阔步迈进，从夏季的订 8 补 2，到秋季的订 7 补 3，进而延伸到冬季的订 5 补 5，首单的比例一季比一季降低。

但首单的降低并没有影响公司的业绩，因为大部分的货品都是当季生产，参考当季的销售趋势进行合理补单，终端的商品结构越来越好，终端业绩在 2016 年秋冬季实现了井喷式的增长！

"2016 年冬季，北京宜家片断畅销款羽绒服 075 实现了单季零售 338 件的片断历史记录，光这一个款式，就给店铺创造了 50 余万元的零售额，其他单店单款销售突破百件的记录更是不胜枚举。"

首单的降低，补货比例的提升不光带来零售额的提升，同时倒逼供应链管理取得了长足的进步。在一年多的时间里，补单意识逐步深植于每个供应链人的内心，大家都清楚地知道，翻单的产品都是终端当下最畅销的，早一天入库，就可以早一天为终端带来业绩，所以伙伴们都铆足了劲地干追单。

“我们的平均补单交期从原来的 1 ~ 2 个月，降低至 2016 夏季的 12 天，到了 2016 秋季又进一步降低到只有 9 天！要知道，这个补货速度放眼全国，都是名列前茅的！”

经过一年的调整，片断的供应链和商品管理能力实现了脱胎换骨式的变化，年终复盘时他们惊喜地发现，2016 年全公司季末库存率仅 10%！这在一家正常客户退货率就达到 15% 的公司，是多么了不起的成就啊！

经过一年多的改善，现在 TOC 柔性供应的理念已经在供应链和商品部门深入人心。为了实现全流程协同，片断成立了产品中心，将原研发技术板块、生产供应板块、商品运营板块合而为一。在 2017 年年初片断进行了产品中心流程工作坊，通过进一步的培训，将 TOC 柔性供应链的思维再次在组织内部达成共识，同时将 TOC 管理的全套管理工具输出给同事。

经过为期 3 天的工作坊，片断打造了全新的供应链流程，每个环节都围绕着如何做到柔性供应链而重新打造。这时部门墙不见了，原来复杂冗长的流程不见了，每个环节就尽其所能地服务上下游客户，能快速的流程绝不拖延，能短时间完成的工作绝不拖后，整个产品中心呈现出一股全新的风貌。

【案例】

片断北京宜家店的店长赵曼，是一个有着多年丰富零售经验的卖手，同时多年的接触服装经历，也使她有一定的买手敏感。从赵曼进入片断宜家店后，最直接的反馈就是货品不满意。从订货开始，她就把货品款量定得比较多，但是每个月还是觉得货品不够卖，要求提供更多快反的当季爆款。

在经历了几年的TOC洗礼后，生产供应链追单速度提升，店铺订货首单数量减少，宽度减少，宜家店铺发挥出惊人的潜力，创造出了片断所有店中“单店销售单款冠军”和“单日单店销售单款冠军”的成绩，而赵曼再也不要求每月外采补充货品了，而转向爆款的追单，追单量也从之前的几手增加到几十手。

ERP的升级之路

即使遭遇困难，也决不逃避。当你陷入困境、苦苦挣扎时，如果抱有“无论如何也必须成功”的紧迫感，就会发现平时被忽视的现象，从而找到解决问题的线索。

人们常说“火灾现场的爆发力”这句话。当人被逼入绝境时，只要抱着诚实的态度，正视现实，迎难而上，就能发挥出平时难以想象的力量，绝处逢生。

人往往趋向于避难就易，因此，要时时有意识地把自己逼入后无退路的精神状态，这样就能够催生出连自己都惊讶的成果。

（摘自《京瓷哲学：人生与经营的原点》，东方出版社）

【服装运营看似业务比较简单，无非就是发货、销售、退货这些简单的流程，但是实际上，运营过服装生意的人都知道，在这简单流程下，蕴含的是非常复杂的物流、现金流、人员管理等工作。】

兵哥清楚地记得，第一次听到ERP（生产管理软件）是2014年8月。当时片断供应链所有的表格、单据全都是手工的，即使是手工也是不完善的，当那天看到软件公司的展示时，都感觉眼睛一亮，觉得片断的曙光来了！

这个 ERP 软件中关键数据是“红、黄、绿”的设计，红色代表有问题，绿色是正常，黄色是待解决的。从纯手工到系统化，他们充满了渴望，希望能够尽快用上这个软件。经过两个多月的宣导，正式决定启用这个软件！

但是事情并非想的那么简单。ERP 的源头是研发，需要设计助理将开发时的面料、辅料等进行编号，建基础资料，输入到软件中，而研发者是设计出身，比较感性，做这样理性的工作对于她们来说简直是一个极大的挑战。再加上当时人员极其不稳定，刚刚教会一个就离职了，新人来了又要从头开始教。当打开软件时，发现里面的基础资料简直驴唇不对马嘴，后面部门根本不能正常使用。后来尽管将资料全部清除，重新录入，但因为当时片断的管理和流程都不完善，操作这个软件成了一个令人头疼的事，人人都怕往软件里输资料，只要原始数据理不清，中间过程就全部不对，更谈不上提升效率了，经过近一年断断续续的使用，片断的第一个 ERP 就这样流产了。

随着 ERP 软件的夭折，片断再次恢复到手工时代，运用 Excel 表格工作。但是每个人、每个部门都有自己的表格，如果不及时共享，沟通就会有问题，信息就会有滞留，某个部门就不能了解其他部门的进度和结果，而供应链是各部门一环扣一环的，工作更是一个闭环，如果一个环节脱节，下游部门就会出现工作紊乱，从而导致整体的进度和结果都大受影响。

更要命的是财务不能全程监控，业务部门要花费大量的时间和精力去和财务对接。随着互联网的发展和迭代，大数据时代已经来临，片断的供应链还如蜗牛般在爬行，对系统化、互联网的需求一天比一天强烈——“我们需要！我们非常需要！我们迫切需要！”这样的呼声是如此强烈。

在经营之初，片断人就已经意识到，要想做好生意，就必须精准地了解全渠道的销售、库存等信息，否则单靠 Excel 或手工报表，管理的难度和局限性就会非常大，而且永远无法摆脱批发思维的桎梏，所以在片断发展的初期，ERP 软件的实施就被摆在了相当重要的地位。

第一代：小快灵的基础进销存管理时代

片断使用的第一个 ERP 软件并不是大型通用的软件，而是结合自身业务特点，选择了模块相对简单，深耕服装行业的依友软件。因处在业务发展初期，店铺数量并不多，对 ERP 的需求也比较简单：能够解决总仓和门店的进销存管理，实现对商品业务运营情况的实时数据支持，同时能够实现系统内的客户收款、对账。

第二代：定制软件时代

ERP 软件的实施，客户日益感受到了数据化管理带给自己的好处，原来纯手工的进货单取消了，手工开单也逐步消失了，片断的店铺开始走向了系统化管理的时代，店铺可以轻松地进行店铺的进销存分析，为后续的经营提供决策支持。但是随着片断的发展，门店数量日益增多，系统内的数据量也越来越大，软件已经无法满足需求了。开始寻找第二代 ERP 软件，即操作更为便捷，支持多品牌同时共存，店铺数量的增加对系统运行速度不会产生影响，虽然过程是痛苦的，但最终通过半年的时间完成了 ERP 系统的升级。

第三代：全网营销时代

随着互联网时代的到来，服装行业发生了翻天覆地的变化，传统的线下业务受线上电商的冲击越来越大，同时消费者的消费也越来越随机，购物也逐步从实体店转向了手机端，全网营销的时代已然到来。但是传统 ERP 系统因为底层架构复杂，线上线下库存无法打通，无法满足全网时代的需求。所以经过近半年的选型，最终决定使用志华的 X2 平台型软件，DRP、CRM、业绩宝等几个模块很好地支撑了业务需求，为片断的腾飞式发展奠定了坚实的基础。

这时，片断已经有了独立的信息化部门，也有专业的软件技术人员，目前的软件架构初具雏形（如下图所示）。

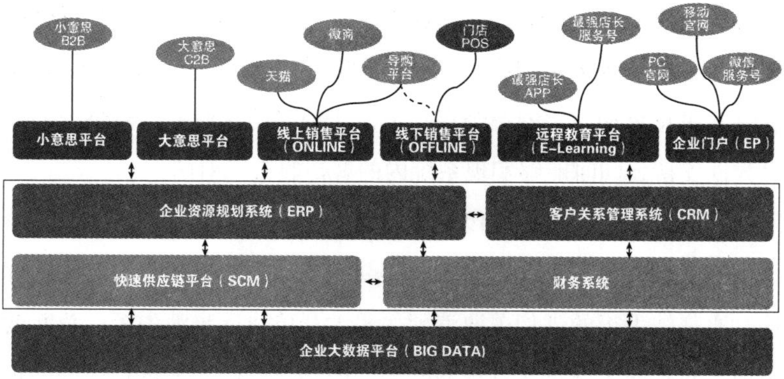

片断软件架构图

企业大数据平台的搭建是一个逐渐推进、逐渐完善的过程，从现在开始，未雨绸缪，片断将在现阶段的系统搭建中，进行扩展性设计，以支持后续大数据平台搭建时的快速集成数据。相信这一平台的上线，将更加有利于洞察企业本身，洞察整个行业的趋势，而从根本上影响企业的决策。

【案例】

王茂若是片断的 IT 部主管，非常喜欢钻研业务，了解流程，经常会利用专业所长为业务人员开发一些小插件、小外挂，让大家的工作变得更加便捷与顺畅，大家都亲切地称他为“王哥”。

王哥经历了片断软件历代的更迭，成了 IT 部门的主力军，每次软件的更换，都意味着信息部工作量的成倍增加。

在更换软件时，直接将自身的系统化管理水平一起进行了一次提升。由于原有的管理水平制约，连最基本的款号编码规则都经常变化，几乎是每换一次领导，编码规则就要变换一次，这给系统数据迁移造成了很多的困难。在王哥的牵头下，重新梳理了款号编码规则，考虑到未来线上线下一体化、集团多品牌战略等多种需求，最终确认了现在的产品编码规则。

在升级到 X2 系统时，遇到了前所未有的阻力。无论依友还是秋水的软件，都是适用于中小公司的软件，而 X2 系统则是可以支持大型集团发展的软件，随着软件的推进，也将企业的业务流程和关键节点把控在系统内进行了管理。在 X2 上线准备时，组织了近一周的会议，与各个部门讨论流程、确认权限，综合考虑公司管理规范化与流程的人性化和便捷性，确认了新的流程。但增加了控制必然意味着大家的工作量和工作自由度受到了影响。在推行之初，大家不是很理解，用得很好的软件为什么要经常换，为什么流程里多了这么多的控制，各种抱怨之声在公司开始蔓延。这时，王哥并没有放弃，一个部门一个部门地开会，一个区域一个区域地培训，给大家讲解新软件对未来全网营销的支持，对大家业务发展的好处，同时给大家详细解释每个节点控制的道理，赢得了大家的理解。最终，顺利实施了 X2 系统项目，全网营销之路有了有力的保障。

全网营销，快速迭代

职场是真刀真枪决胜负的赛场，必须时刻以必胜的信念去面对竞争。

但是越想取胜，各种各样的困难和压力越会接踵袭来。这时我们往往胆怯，进而放弃初衷，以妥协告终。克服这些困难和压力的动力，来自当事人不屈不挠的斗争心。类似格斗士的那种斗争心，可以冲破一切壁障，引领我们走向胜利。

无论多么艰难困苦，“决不服输，一定要胜利”———必须燃起这种激烈的斗志。

（摘自《京瓷哲学：人生与经营的原点》，东方出版社）

【“每到年底，财务部都会拿出电商的报告说电商又亏了好几百万，这事该怎么弄？要不砍了吧？！”这样的质疑从 2011 年片断成立电商部开始，几乎每年都会收到，没有间断过。】

片断女装涉足电商时，女装电商铺大概有 100 多万家，竞争已堪称惨烈，而在同期片断客户在线上的流量几乎为零。当时电商经理田晓磊带领七八个人的团队，大部分工作是去有着 10 万来件货的库房里挑货。每一件都拆包验货，再装回去，直到找到顾客想要的。从挑货，到设计网上店铺、设计宝贝详情，打包发货，再到售后，所有的事情都要考虑进去。大冬天骑着自行车去库房，可能只是为了给顾客发一件货。顾客扣子掉了一颗寄回来，还得拿着针线自己缝扣子。

电商最吸引人的地方是优惠券，为什么规定必须是满 199 减 10 元？对顾客购买心理有什么影响？不在第一线与顾客心与心地沟通，就无法感受到其中细微的差别。每个界面效果如何、点击率的升降等，都需要在后台一直关注。

半年之后，田晓磊突然感觉挣钱的欲望不再那么强烈了，把这件事儿做好才最重要，才更有意义，才是自己真正想要的。对很多人质疑、不解，或是批评，他们也没有做过多的解释，在坚信“创业的快乐，重在过程”中走了过来。

一开始，电商就是 PC 端卖货，电商与供应链产生了巨大的矛盾。电商体量小，又要非常便宜，又要质量高，客户动不动就退货。这对片断的流程、供应链来讲都是巨大的挑战。今天能这么快走到柔性供应的道路应该感谢电商，它无疑是放在供应链里的“鲇鱼”，给供应链带来了挑战，也为后面的快返模式做了一些推动作用。

王有川不无感慨地说：“蒋总刚开始是特别支持的，到最后和我说要不把电商砍了吧。我说电商，即使再亏，一定要做，电商是未来。这和我刚开始接手片断时的处境差不多。现在从 PC 端转型到微信端，慢慢大家开始理解了。微信端尽管付出一些宣传成本，但是片断的自媒体非常活跃。好像是在 2015 年以后，互联网团队才真正地找到了存在感，在此之前都是在质疑中工作的，如果扛不住，这支队伍早就消失了。”

正因为王有川高度关注电商的发展，这么多年在互联网营销的煎熬中，慢慢摸索，开始走上一条不同的道路。微信开始快速发展，王有川以策划人的专业感知认为互联网营销一定不仅仅是在天猫上开一个店那么简单，而是要用互联网的思维和工具，盘活线下的资源，运用自媒体传播品牌“轻享自在，幸福由心”的生活态度，以内容为中心，增加用户黏性，通过手机让线上和线下成为一体。从2013 年订货会教客户们拍照发朋友圈，到转移电商团队工作重点到内容制作，到视频多媒体在全国一百多个店铺上线，片断率先开始尝试 O2O 之路。

让 IT 团队拥有生意头脑很难，应该让业务团队拥有互联网思维和工具，后来全网营销由河北大区经理孟慧负责。她刚接触线上新业务，整理所有后台的数据发现，之前的内容定位过高，阅读量并不高，而每一次的推文几乎是零互动，粉丝也没有留言和信息反馈。微商城的产品浏览量低，几乎没有加入购物车和收藏的数据。

片断分享平台界面的菜单不清晰，不能直观地让用户清晰了解每个按钮是做什么的，比照线下的业务，如果内容即产品的话，产品根本没有让用户接纳；没有做用户调研，用户与产品的匹配度很低。如果将用户分为消费者和店铺运营者，作为品牌的推广来讲，确实没有通过内容让消费者更加有黏性，也没有为店铺运营提供相应的服务，没有站在用户角度做出来的内容，就一定不会解决用户的痛点。

基于对线下用户的了解，将片断分享平台的内容重新定位，将团队各岗位重新梳理。在终端一直提倡一种销售的场景，在轻松的聊天过程中做销售，也就是所谓的非销话术。但在终端实际发生的却是，导购不太会讲故事，不能讲出顾客穿着产品的场景表述，没有故事的销售模式，只能停留在简单的买卖关系，你买什么，我卖什么，导致老顾客不能重复购买。页面的改变，增加了新品的推广。【当季新品】满足终端的“故事”需求。【我要开店】打开了粉丝转变为加盟商的大门。【微社区】开放粉丝互动功能，可以自由地在社区发声。

“内容”即经营的产品，不仅要满足终端运营的故事，更要满足用户粉丝的喜好，秉持着品牌的理念“轻享自在，幸福由心”，打造片断的生活方式 LOVLIFE，制订每周推文计划，提升粉丝的关注度。

增加粉丝流量已变成重要的工作指标，这期间一直探求利用什么平台增加粉丝量，也尝试在微商城上架了几个系列的产品。2016 年 10 月与东方卫视《我的新衣》栏目合作，通过上线前预热、上新、线下配合推广、买家秀持续话题的内容推进，让有百万粉丝量的微信大 V、微博大 V 进行转发，动作没少做，但结果不是很理想，这说明选择符合品牌的产品及推广渠道非常重要。

2017 年 3 月《蓝色大海的传说》特供款，根据当下比较火的影视剧，做产品、内容的推广，去泰国甲米拍海滩的大片，尽量还原了剧中的感觉。这次的活动推广粉丝流量、产品的加购数量、收藏量也有了明显的提升，虽然因为天气的原因销售额不很可观，但流量的变化还是让人欣喜的。

大概用了五个月，认真收集线下的声音，将线上收集的粉丝声音反馈给营销部门及商品部门。之前单纯的做内容和没有计划的上架产品都没有结果，只要让所有动作都从用户思维出发，以满足用户需求为第一前提，内容的思路就有了，微商城的产品也就有了方向。内容即销售，数据即决策。流量的产生也变成了自媒体，节省了大量的传播费用，“产品＋内容文化 = 片断 LOVLIFE 生活方式”。

品牌内容营销，就是将品牌的 DNA 注入内容中，让其接触影响现有的和潜在的用户，改变用户的购买行为和进行销售培养。品牌内容向目标用户传递有价值的信息非常重要，通过内容提升品牌与用户的黏性，品牌内容与用户深度结合融为一体，并增加营销动作，一切以用户体验为前提，做出全网营销的未来。

全网营销不是重复电商作为一个销售渠道，更重要的是获取客户信息，请求客户参与互动，是 C2B。如何增加粉丝黏性？客户数据导向产品研发。整个产业链的每一个环节：研发、销售、供应链、客服等，作为一个支持项目，而不再倚重销售。

王有川在流程层面的经营心得

1. 要随时根据战略调整流程

企业如人，是一个有机体，有寿命、有起伏，没有一成不变的人生，也没有一帆风顺的企业，影响企业的四个因素：一是宏观层面的政策因素，二是微观层面的技术与竞争的市场因素，三是用户层面的消费习惯和购买习惯的改变以及文化的变迁。这些都会给企业带来发展的“风口”，也会带来灭顶之灾。还有一个因素是企业自身因素，顶层架构变化、资金状况变化、团队人员能力素质变化。所以看起来什么都没有变，其实一切都变了，品牌和产品的生命周期，曾经领导市场的先进产品，今天有可能落伍了；曾经消费者争先恐后追捧的新技术，一转眼被另一种技术取代，用户去追随那些新鲜的东西去了。市场就是这样瞬息万变，如果经营者目光只在自己的院墙里面，那是非常危险的。

所以经营者要如履薄冰，审时度势，看看这些相关要素在哪里是改变的，应如何去契合，这个契合点就是企业转折点。片断作为一个特别传统的服装企业，曾提出过生存战略、精益管理战略、全网营销战略等多个战略，每次转折后，第一件事就是流程再造，因为原先的业务流程、原先的组织结构不一定适应新的业务发展，必须做大的变革，每次变革都会给企业带来改革阵痛，但是也必然带来红利，推动企业发展两三年。

所以，企业经营管理者，不要抱定一个产品或一个商业模式打算赚一生的钱，一成不变注定要被淘汰，不要怕变革，不要怕变革带来的混乱和烦恼，因为这就是企业发展的自然规律。

2. 要因岗找人，不能因人设岗

前面说到变革，我们讲要主动变革，不要被动变革，尤其是因为人的制约而被动调整。事实上，企业总是缺乏关键人才，在任何时候都一样，所以，要合理设立人才梯队，要有打主攻的，也要有监督管理的，随时要有后备队，要有新生力量。如果你的战略不明晰，或者缺乏进取心，就很难设定出新的岗位，也很难招募到更优秀的人才，常常导致无人可用的被动局面，进而因为关键人才的流失造成被动调整流程、岗位和薪酬，这是很危险的。

所以企业家和经营者，除了要不断主动地调整战略和发展新产品、改善流程，同样重要的一件事是寻找合适的人才，找人不是人资的工作吗？如果老板这么想就危险了，关键的人才，不是招聘广告吸引来的，一定是老板感召来的，你的商业计划、发展计划，最重要的听众，是你的员工，其次才是投资人。有人问，那不就没时间干业务了吗？如果老板在干业务，底下的人怎么成长呢？而且你确信能比专业的经理人干得更好吗？老板要抓战略，抓核心资源，抓制度建设，业务的事让给专业的人干，如果发现有任职能力不足的干部，一方面给他时间和培训，让他提升；同时也要提前去找适当的人才替补，以免出现断档。因为人才的原因导致流程不顺畅，是一个比较普遍的原因，反之，因为某个关键人才的介入，关键的经验和资源补充到原有的流程里，发生质的飞跃也是常有的。全职还是外援包括第三方公司或兼职人员效果是接近的，所以在条件不具备的时候，可以通过第三方来补足短板，片断的几次流程再造，都是靠外协来完成的，当企业的能力提升了，才能招到高人。定期做流程再造还有一个好处，就是盘点人才，因为人才的能力也是不断变化的，定期做一下人岗匹配，并借助一些竞聘、挑战的环节，可以提供优秀人才的晋升机会。

3. 要尽量早地信息化

核心业务要应用软件把重要的数据积累起来，然后尽量把数据用起来，作用于决策，这是现代企业经营中非常重要的事，启动得越早越好。

企业信息化有三个误区。第一个误区是信息化等于高投入，那是以前的事了，今天各种开放的云资源，各种 SAAS 化的免费或低收费的软件非常多，只要你用心找，总是可以找到解决方案的。比如你开一个小店，从网上下一个免费版的进销存就可以把你的业务管起来了，可以得到很简明的报表，告诉你应该进什么货，什么应该打折，这是最小应用。生意再大一点用财务软件把钱管理起来，再大一点把批发和物流管理起来，再大一点用 CRM 把客户管理起来，用 SCM 软件把采购和生产流程管理起来，再大一点把工作协同 OA 和人资管理起来。如果做一个看板软件把这些数据串联起来，做成不同的报表供你和经理人决策就更好了，上面提到的所有类型的软件现在都有网页版共享的，不一定全部定制。第二个误区是老板一定要懂技术，信息化的前提是管理，更重要的是懂经营管理，商业的本质就是“满足消费者的需求”和“提高效率”两件事，每一个管理行为都是围绕这两个原则，然后想办法用软件帮助去实现就好。第三个误区就是信息化是大企业的事，其实越早信息化你才能越早变成大企业，之前的决策是通过人工收集零散的数据，然后通常是通过会议分析，然后产生决策，这个节奏太慢了，准确度也不高，因为在人为的收集和分析数据的时候，就可能发生了偏差。今天是大数据时代，讲究的是数据即决策，决策产生新的数据，避免中间的人为环节，这样管理的效率就比不用信息化的企业提高很多，竞争力才会产生。

4. 用互联网思维把流程重新做一遍

互联网思维不只是在网上开一个店，那只是很小的一部分，互联网给我们带来的机遇和挑战是“零距离”“去中心”和“分布式”。与顾客零距离，思考我们的销售环节是否能够更短、再短，最好让顾客参与，完全地零距离，从 B2B 进化到 B2C 再进化到 C2B，要不断做这样的思考和改造。因为零距离所以去中心，管理上没有中心，通过合伙制、阿米巴等让管控式的管理变成开放式管理；决策上去中心，让最小业务单元根据数据进行决策；投资上也去中心，变成众筹、联营的模式，试试我们的生意哪些地方能够碎片化。分布式，因为需求是碎片的，集约规模生产的模式已经不是最佳模式，能否让我们的研发碎片化，通过众包、共创让第三方、消费者参与？能否让我们的生产分布式，能否借助平台将采购、生产由集约生产变成分段生产、分布供应？……互联网思维是转型最重要的思维，其中任何一项改造如果进行得深入，都可能带来巨大的竞争力。

第四　员工成长篇

一切的根在片断创始人蒋永青与董事长王有川“成就人”的宏愿——敬天爱人。他们勤俭持家，生活简朴，做人低调，工作效率高，他们出差或者有事，从不让单位的车接送，没必要空返浪费。王有川在上海总是坐地铁，“感动的背影”，时常浮现在片断每位家人的脑海中。公司所有的高管出差，从来不按照集团规定的报销标准住宿，总是寻找离办事地点最近的快捷酒店。

一次，在去上海浦东机场的路上，因为张书颜想请大家吃一顿辛苦饭，结果误了飞机。机票改签时，损失不少，大家一致决定，这部分费用由自己承担，不算出差合理支出的费用。他们相信：拥有纯洁美好的心灵，发挥自己天赋的才能，倾注自己全部的热情，是人生获得巨大成功的秘诀，是人生幸福的源泉。

结缘稻盛，叩开幸福之门

要在人生中、在工作中取得出色的成果，人的思维方式、人的心性起着决定性的作用。

导致人们成功的是一颗好心，这颗好心用爱、真诚及和谐这些词汇来表达。我们人类在灵魂深处本来就拥有这样的好心。所谓“爱”，就是把别人的欢乐视为自己的欢乐。所谓“真诚”，就是总是想着为社会、为别人做些什么。所谓“和谐”，就是不仅希望自己，同时也希望身边所有的人都能得到幸福。

从爱、真诚及和谐之心中所产生的思想，就是引导人们走向成功的基础。

（摘自《京瓷哲学：人生与经营的原点》，东方出版社）

【以履行社会责任的荣誉感和使命感，积极参与公益慈善事业，是企业从上到下的一致共识。尤其是他们能从身边的人帮起，由己及人，与孟子所提倡的“老吾老以及人之老，幼吾幼以及人之幼”的传统文化，一脉相承。】

2011 年年底，在“盛和塾的世界报告大会”的大连报告会上，王有川第一次接触稻盛和夫先生，聆听了《京瓷会计学》，深深被稻盛先生的人格魅力与经营哲学所打动。从此，“作为人，何谓正确”成为王有川的行动指南。他随即带领企业的多位高管加入了浙江盛和塾，以稻盛先生为师，不断在经营中学习和实践稻盛哲学。

刚开始这样做效果不显著，而且风言风语也很多，甚至很多干部自己都不相信。学习推广做到 2013 年，张书颜感觉极为痛苦。她常常用稻盛先生说的“当你觉得不行的时候，一切才刚刚开始”来不断地鞭策激励自己，坚持，坚持，再坚持。

幸亏张书颜百分百地相信和投入，由于她的带动作用，一部分高管动起来了。加上浙江盛和塾企业氛围很好，通过登山、慢跑等团队活动，同时在其他企业家的帮助带动下，高管们努力在员工当中去推行稻盛哲学。

刚开始主要是通过每日的晨会诵读和分享，每个部门的员工早上聚集在一起围成圈，主持人按照晨会流程开始晨会。晨会流程中最重要的一项就是晨会朗读，从稻盛哲学最简单的《活法》《干法》开始，然后是《稻盛开讲：六项精进》等，逐渐深入。

起初，很多员工并不理解每天读这些看起来枯燥无味的书籍（更有人会称之为“心灵鸡汤”，说与其天天浪费时间，还不如干活吧！）会给自己带来什么样的影响，只是碍于公司的规定硬着头皮照做；甚至有的员工连敷衍都省了，反正就是不想读，一到开晨会的时候就躲到厕所；还有些公司的高层或部门负责人打心里就不认可哲学会对经营带来帮助，不仅自己不学，还让部门员工也不学。

但是随着晨会朗读和分享的坚持，哲学对认真学习的人开始产生效果，在每周一全员参与的大晨会中，有的员工会主动上台分享哲学中的某一条对自己的帮助。如财务部的一位员工分享“积善行，思利他”对她婆媳关系的处理带来的帮助：因为她比老公年龄大，婆婆对她诸多挑剔，之前她会苦恼，埋怨婆婆对他们感情的不理解，后来学习了哲学，她首先调整了自己的心态，然后再真心实意地为婆婆考虑，比如出去旅游带礼物、一起出去逛街帮婆婆买衣服、主动承担一部分家务，慢慢地婆婆越来越喜欢她，一家人的相处也变得融洽了。

就这样哲学从开始的入脑，到入门，再到入心，在与哲学的相处中，每位小伙伴都有很多的小故事。借着这个热度，为了让大家都能认识到哲学的力量，举办了哲学演讲比赛，让员工有更大的平台去分享他 / 她和哲学的故事，用真实的案例去影响更多的人来学习哲学。

每一次参加演讲比赛的员工都有 20 ~ 30 人，连续办了几期，渐渐地通过员工之间的互相影响，之前不认可的员工也开启了哲学学习之旅。连员工都开始学习了，公司的经营层也自然不愿落后，渐渐地“付出不亚于任何人的努力”“要谦虚，不要骄傲”“不要有感性的烦恼”等在大家的对话中变成了常用语，在遇到问题的时候大家都能运用哲学的思想去解决。

随着哲学学习的推进，又成立了哲学学习会、小记者平台，通过不断的学习和践行，不仅提升自己的心性，还帮助和影响身边的人一起提升。

现在哲学已经融入到每位员工的行动中去了，哲学的力量也让每一位员工的心志越来越强大，都有信心能够遇见更好的自己。把这几本书推行到晨会和各种学习会上去，然后在员工中开展读书会、学习会、演讲比赛等活动。这也是很多企业推行稻盛哲学实践过的一套可行的办法，片断的哲学推广也是如此。

后来片断开展了一系列“幸福企业”的动作，通过非常感人的年会表彰，通过增加员工的福利，开展员工的运动会、聚会、比赛等，让“家”的感觉越来越浓，员工积极、正向的价值观得以相互感染。

这种细微的变化越来越不一样，发牢骚说坏话的人变少了，员工当中“比赶拼”的氛围出来了，到处张贴的一些宣传语、照片、海报等，让人看了觉得非常振奋，正是稻盛哲学的导入，使管理变得更简单了。

由于全员的创新和控制成本，在同行业成本不断增加的环境下，片断的生产制造成本却稳定在一个水平，这不是技术的原因，而是人的原因，因为哲学的导入使人的态度不一样了，人的投入不一样了，结果就会变得不一样。

片断在软件园的办公环境，朴素整洁，办公秩序良好，各部门完全透明开放，衔接紧密，布局合理，便于沟通协调。学习稻盛哲学，干部有风度，员工有阳光，人心变了，人也变了。争执，争吵，争论，全是对事不对人。在发生问题时，总能在“追求做人的正确的原则”下达成一致，选择“什么是人的正确生活方式”。

幸福是什么？片断人一直在用自己的方式找寻答案。如何让追求“双重幸福”不再是一句空洞的口号、一张美好的蓝图，而是内化成日常生活和工作的自觉行动，在一步步的践行中渐行渐深，渐行渐入人心。

2014 年年初，片断成立了愿景委员会。愿景委员由不同岗位的员工担当，公司不对其进行管理，是全体员工发声的一个窗口，员工根据自己的需求向公司提出问题或者是建议，愿景委员共同协商讨论关于员工问题的解决方案。

愿景委员会成立之初，第一次会议中员工提出的问题初步罗列了一下，竟然多达四五十条，有的问题都是以前想都没有想过的，他们当时都惊呆了。一直以来他们倡导的都是家文化，自以为给员工提供的待遇还是不错的，但是数据一出来就像是给了他们当头一棒。

有了问题就得及时解决，所以针对所有的问题按照反馈人数的多少做了排名，一条一条地逐步去解决。每个季度召开一次愿景委员会议，对已经解决的问题做反馈，同时再次收集员工最近一个季度需要解决的问题。经过两三年的循环，现在员工的问题基本上已经减少到个位数，大多是根据时间段的不同出现不同的需求，而公司也会根据实际情况进行解决。

随着哲学落地，众多的经营人心、经营梦想的项目生根开花。这里选取几个案例来解读片断幸福工作，这些做法对于正在成长的中小企业，在力所能及的范围内结合自己的实际情况，从一点一滴做起，逐步扩大，逐渐丰富，当公司的资金相对宽裕的时候，用相对有限的资金让员工快乐地工作，幸福地生活，不失为一个凝人心聚人气的好策略。

【员工考勤】迟到罚 10 元，早退罚 20 元，并没有遏制迟到早退的现象。因为大家被罚了钱，反倒心安理得，反正每个人都不会拿到满工资。学了哲学后，心境提升了。出于对员工的尊重，取消了考勤制度，改成自觉上下班。对于迟到早退的员工，都会有人出于真心地关心帮助他们解决实际困难。迟到早退现象瞬间消失了，反而更多的是提前上班，下班还在加班的身影。

【员工休假】服装生产工期有时候会很紧张，公司刚开始实行的是单休，即一周休假一天。员工提出休假时间太短不能得到很好的休息，结合当时的实际情况综合考虑，先将休假制度调整为大小休轮休，再调整为双休。全体员工共同想办法在不影响正常工作进度的情况下不断优化工作流程、提升工作效率，顺利完成了休假制度的调整。

【员工食堂】在老的工业园区员工吃饭是一个大问题。食堂是一个大开间，没有空调，冬冷夏热，菜品也非常单调。通过沟通协商，增设了空调，提高员工餐的标准，设立员工监督及建议机制，让员工能够吃好，吃得放心，吃得安心。公司在选择新的办公地点时，特地考察了信息产业园区的就餐食堂环境。

【员工健康】增加员工一年一次的体检福利，为了员工的健康保障，不仅仅提倡员工去锻炼，也会不定期地开展各类员工运动活动，如乒乓球比赛、羽毛球比赛、篮球比赛、长跑比赛，等等。2017 年正式成立了跑团、爬山社及球类俱乐部等社团小组，让员工主导活动，共同达到身心健康的目的。

【孕妈妈关爱】为了让孕妈妈在工作的同时也能受到很好的照顾，每天都给孕妈妈准备了新鲜的水果和新鲜牛奶等，为宝宝提供良好的营养保证。

【亲子暑期班】陪伴是最好的成长。很多家人的孩子都是在老家上学，只有暑假才可以陪伴在父母身边。考虑到员工的诉求，请专业的幼儿教师到公司辅导孩子们学习，带小朋友游戏。这样既能保证大人们安心工作，也能保证小朋友的学习和安全。企业在持续发展，虽然小朋友的人数在不断增多，需要更多的场地和人员投入，但是这项工作会一直持续下去。

【成长基金】公司多是“80后”“90后”，大都处于买房、结婚、生孩子的年龄，为了给每位员工提供支持，公司成立了成长基金，在有大项费用支出的时候员工可以申领成长基金，在个人的重大事件上也能够得到公司的资金支持，大家都觉得非常暖心和幸福。

【爱心基金】在困难的时候能够得到帮助是一种幸福，爱心基金就是帮助困难的员工，爱心基金由公司基金与员工自愿捐献组成。一位员工的父亲得了急症，需要一大笔钱做手术，家境不好的她急得日夜流眼泪，愿景委员组织了一场爱心捐款活动，加上爱心基金，一共给了困难员工8万多元的支持，员工的父亲得救了。

【孝养基金】公司一直倡导孝道文化，但是如何才能照顾到员工的父母？每个月员工自愿出100元，然后公司也拿出100元，到年底的时候我们会把12月累积的金额直接打入员工父母的账号，让员工与公司共同为父母尽孝道。

【爱心捐助】爱心捐助几乎是片断人的一个常态行为。一个员工的妈妈得了重病，在公司内部发起了一次募捐，一两天就募集到了十几万元，当时全公司也只有100多个人。可想而知员工的那份爱心和温暖，真正印证了“一方有难，八方支援”。汶川地震等灾害发生后，片断公司都举行了募捐活动。

【YTT烛光行动】YTT乡村学校图书馆烛光行动是由史永翔先生发起，针对乡村学校改善阅读的公益项目。张书颜是YTT烛光行动的积极参与者，她深信，慈善不是施舍，是一种社会责任，是一种修行；做企业是学习做事，做慈善是学会做人。慈善不是简单的捐钱捐物，而是要亲自与他们心连心、手拉手地接触与交流。三位片断的领导赞助了三个图书馆。爱心基金每年都会参加 YTT 组织的烛光行动，给贫困山区的儿童捐赠图书馆。

同时在每个节日都会有节日福利，有不同的小惊喜，让员工参与福利的制定，一起创造共同的幸福生活！在追寻幸福的道路上，要做的事情有很多，这并不是一项工作或是项目，因为它没有终点，但只要有心，只要用心，幸福之门一定会天天敞开。

贵在坚持，试错容错

所谓坦诚之心，就是承认自己有不足，从而发奋努力的谦虚态度。

有能力的人、性情急躁的人、自我意识强烈的人，往往不愿听取别人的意见，即使听了，也会反驳。

但是，真正能够取得进步的人，是怀着坦诚之心、经常听取别人的意见、经常自我反省、能够正确认识自己的人。有了这样的坦诚之心，这个人的周围就会聚集同样心态的人，这样，力量就能凝聚起来，就能推动事业朝更好的方向前进。

听起来刺耳的话，往往是对自己的发展有帮助的良言。虚心听取别人的意见，这种态度非常重要。

（摘自《京瓷哲学：人生与经营的原点》，东方出版社）

【企业要想发展，必须有一个允许员工试错容错的氛围与机制，这是成长的代价，也是企业激发员工干劲需要付出的成本，“为担当者担当，为负责者负责，为干事者撑腰”。】

山东区域一场筹备了很长时间的招商会，花了不少钱，投入的市场资源也不小，结果一个客户都没有招到。因为前期签了几个区代，有了二三十家店，市场部门有些飘飘然，觉得凭着这些影响力加上一通造势，就能快速发展起来。而造势的最有效方式就是开招商会，广发“英雄帖”，试图以其一举拿下整个山东市场。但是现实给了他们一个沉重的打击。对于这次的失败，营销负责人并没有过多地苛责员工，而是带着大家一起分析总结失败的原因。

隔了一段时间，他们有些按捺不住了。又在潍坊召开 VIP 品鉴会，结果情况更糟。所谓 VIP 不过是一些第一次买服装办卡的客户，所谓的品鉴会不是针对服装市场的研判，成了一次名副其实的“潜在客户”品尝会。

面对这种情况，响鼓还要重槌，代福顺三年来第一次发了火，他在办公室里敲桌子说：“你们觉得自己很厉害吗？你的区域才四十几家店就觉得很牛气了吗？你能躺到已有的成绩上睡觉吗？整个计划你就觉得自己无所不能了吗？”

这是对整个团队的当头棒喝，这顿火发得相当及时。实际上他们那时候觉得很牛，没有吸取上次失败的教训，而是想着大水推倒墙，但是没想到淹着了、呛着了。他们开始重新去规划客户，多次与客户沟通，对客群进行有效研判，让布点开店稳固前行。

团队当中遇到的两大难点：第一是企业允许你去犯错，允许你去成长；第二是在骄傲的过程中要懂得去刹闸，这样才能慢慢成长起来。北方区域在发展过程中所遇到的现实——试错式的成长，同样也在南方市场上演。

片断女装从北京青青淑女天地起家，从北方起步，河南、山东、山西及北京的市场相对于南方市场基础好得多。但是没有南方的市场，总归不能算是全国的品牌。于是，在南方开店、布点成了他们的一个重要的目标。

南方市场经历很多波折，店铺几乎是开一批死一批，这些店铺的失败严重挫败了市场人员的信心。后来通过采取与托管商合作的模式，分别在温州、杭州、苏州与宁波四个分散的地点开辟出部分渠道，通过托管商进入了百货商场，虽然在这些市场站住了脚，但是利润几乎被托管商全部拿走，片断是不赚钱的。经历了两三年的痛苦挣扎，这些店铺除了位于苏州和杭州的，都关掉了。为此，也付出了巨大的代价。

南方市场的失败应归于南北方消费者在成衣尺码上有着很大的差别。片断以北方市场消费者为参考指数制作衣服，板型普遍扩形了，南方消费者穿着不合体。后来随着供应链品质的提升，南方尺码的问题得到了很好的解决。

南方市场也从南方直营样板店的成功慢慢打开，现在苏州区域店铺最多的有 15 家店，虽说业绩还有很大的差距，但是在市场上开始有一定的话语权。这是在营销上片断市场定位的一个改变。随着片断不断发展，公司直营肯定要支撑公司后期货品的消化，以农村包围城市，在杭州找能消化的区域。

当时整个南方市场是空白的，盘子特别大，所开发区域店铺距离特别远，相应的维护费用特别高。南方团队非常着急，半年了一家店没开出来。在没有跟客户深把关的情况下开了一些店，很不幸的是这些店铺开出来不到一年全部关掉。还有一个省代用区代的模式开上去，强行起飞，一个月之内开了四家店，然后半年之内全部关掉，代价是非常惨痛的。

市场是从来不给一个品牌永远的机会的，不打无准备之仗永远是真理。市场深挖和有效掌控的能力，是在不断的试错中慢慢形成的，这是成长的代价，也是必需的成本。

南方大区的徐言琼，初到片断，也是她职业生涯刚刚开始之时，所以把工作当成家里的事。由商品转督导，张书颜亲自下到一个小店里手把手去教她陈列。后来徐言琼带着团队去下店为客户做保姆式的服务，从头带到尾，客户被整个团队的精神所感动。她说：“平时精进打卡，我不好意思发到公司群里，都是发到内部群里，凌晨4点我都会打卡，给我们整个团队带来的效果也特别好。”

徐言琼开发贵州市场时，还是一个小姑娘，父母叮嘱她每天给家里打电话，不放心。谁知道，她这一去很多年，竟然成了那里的常客。

江苏连云港的客户，是徐言琼接手的第一家店，她甚至晚上不休息，把POP海报设计好，去找当地广告公司全部做好，其实按理说这些应该是加盟商做的。她永远是第一个到店铺，晚上最后一个走，还要忙着准备下一步的工作。

还有，只要她到一个地方，客户都会主动打电话说“我就要徐言琼”，因为只要她去，客户的店里业绩都会有很大提升。嘉兴的客户指名要她去，因为她一去业绩就上去了！

发展短短两年的安徽市场，在胡磊夫妻和他们的团队带领下，已经开出46家店铺。客户说，很幸运遇到这么为我们着想的老总，我们开店只用听话照做就可以了，胡总让我咋干就咋干！

我学习，我快乐，我成长

没有人能够保证我们的未来。即使目前公司的业绩优秀，那也是过去努力的结果，谁也无法预见将来会怎样。

要使我们的公司在未来保持优秀，持续发展，只能靠我们每个人在各自的岗位上尽心竭力，履行自己应尽的职责。

不能依赖别人出手相助，不可期待他人为自己排忧解难。首先要认清自己应尽的职责，靠自己的努力把事情办好。必须保持这样的心态。

（摘自《京瓷哲学：人生与经营的原点》，东方出版社）

【片断女装的企业价值观里有一个关键词——成长。要想成长，必须学习，以学习促成长是理想的企业发展成长轨迹。经营企业既要经营人心、经营梦想，还要创造价值。通过各种形式的培训拓展，明确了目标和任务，化知识为不竭的动力，步步为“赢”。这就是片断在所有培训中最核心的价值所在。】

这是一个学习型组织，大量知识的分享、学习与互动，是企业从发展到高速发展的最根本的动力。最初因为干部基础太差，能力太弱，要传授给大家一些基本的能力，所以用很初级的想法在推动员工的教育。教育的结果是大家有所改变，这也给企业带来了原生的动力。

为了支持所有人成长，创造了一个良好的学习环境和学习氛围，让大家明白学习对每个人的重要性，通过学习让每个人成长起来。针对选拔出来的创业型人才开设创客营，针对公司经营型人才，公司每年开设一次总裁班特训营。日常每周一次的学习会、每月一次的经营会都是员工学习成长的好平台。而伴随着培训平台化的建设，培训的内容越来越丰富，参加的人数越来越多，培训也越来越系统，内外训结合更有利于学习的消化与吸收。

以身作则，重在落地。王有川的学习观在不知不觉中影响着每一个人。面对很多嘴上说学习，但是行动上不学或者不知道怎么学习的员工，他开具的“药方”最简单也最有效：读书。

很多员工感慨如果不是来到这家企业，可能这辈子都不会读这么多的书。平均每个月 3 本，一年至少 30 本的读书量，再加上公司提供的各种学习小组和分享活动，一些系统化的知识和管理观念慢慢地变成了这个企业血脉当中的一部分。“腹有诗书气自华”，慢慢地大家都有了一些细微的变化，更自信，更豁达，更开放，更有力量！

每一个人的点滴变化，都是大河大江中的一朵智慧的浪花。在整个学习的过程中，财务经理娄百玲的变化非常大。因岗位的工作性质，平时交流往往从专业角度出发，与业务部门沟通往往会引起不必要的争论，后来接触了稻盛哲学，在学习中慢慢成长转变，不断地学习、改变、践行，自然而然产生了由内向外的变化。

早先北京与杭州的同事说，娄百玲的笑容很少，做事极度认真，说话非常直接，感觉很傲气，平时报销、审批单据时，都很严肃，很难见到笑脸，感觉很难相处。现在娄百玲是一位非常有爱心的人，公司里的人都愿意和她交流。这是她努力学习修为的结果。

财务部门的员工大部分都是刚毕业的大学生，娄百玲特别用心地去带教，大家特别信服她。每次学完稻盛哲学，她都会第一个去践行，跟每个员工做心与心的沟通。每天开晨会，都能感受到财务部工作人员内心的幸福感。一心一意，点点滴滴，不管是生活上还是工作上，都全力以赴地以身作则。

以前娄百玲和她爱人在公司是不讲话的，如果要说话也很严肃，现在对她爱人的称呼也变成了“平儿”，能感受到她俩的关系变得越来越融洽。北京的财务说：“真的不敢相信，百玲去了片断一年，改变了这么多，变化这么大！”

在这次采访中，娄百玲是流泪最多的一个，她的讲述充满了感激之情：“结缘于青青服饰，不仅给了我一份工作，还教我怎么做人，老总的言传身教及其身上散发出来的能量吸引着很多人愿意跟随他们全身心付出。这些年公司投资员工学习从不吝啬，每一笔支出就是利润的减少。之前和同事因为一些事情争执，自从学习了稻盛哲学，重新梳理和思考，将事情回归原点，即是否有利于公司的发展，如果是，所有人都会全力以赴去推动，去努力。来杭州后，接触到了张总、兵哥，他们像家人一样帮助和支持我。财务面对公司各个部门，要负责公司的各项管理和开支，要抓内控，很多部门不理解，觉得在卡他们，这是企业创业初期都会经历的。刚接账时我也与财务发生争执，现在想想，自己的格局实在是太小了。”

财务部人员收入低，但因为大家互相尊重，不是管理而是带教，所以流动的很少。坚持以身作则，是娄百玲对自己的一贯要求。做任何事情走在前面，如果在相应的规则内还是出错了，所有的事情她都会去扛，不会让其他人受委屈。

工作是心性提升的道场，很多时候发生的一些事情先从自己的内心寻找答案，任何事情没有什么是过不去的。能力要用将来进行时，做一个锲而不舍、永不放弃、勇于学习的人。在成长的路上，大家领悟了很多，因为目标是一致的，肯定这件事情对公司的发展对组织是有推进的时候，自然而然就会抛弃小我，不会阻碍企业的运行。

改变心性的还有刘永梅，她说："我说话比较直，认定了的事情就会和对方去争执，但是代总包容性很强，从来没有当着多数人的面批评过我、指责我或者是反驳我。当我真的要发火的时候，他就会给我一个手势或者挨着坐的时候碰我一下。他说当你想要发火的时候，一定要静下来，让自己放慢说话的速度。其实我在办公室的时候也经常和他吵，有时候会抱怨一些事情，但是他这些年没有跟我发过火。有时候他骂大区都会拍桌子，他们都会害怕。虽然他比我小，但是更多的时候他像哥哥一样指引你应该怎么去做，所以我对他很感恩，虽然他是老大，但是在我心目中他像一个朋友，不管是家里的事情还是别的事都很愿意去和他聊，所以说代总让我改变了很多。"

要勇于把自己放在"OPEN"档上，要有"OPEN"的思想，接受外来的信息，不可能停留在过去，要用更新的知识来与时俱进，要跟上整个社会。片断要发展，就需要更有能量的人、更有才华的人，才能促进组织的快速成长。

以下是一张企业培训课程统计表，部门自行安排的定期不定期培训与学习项目更为频繁，更加多样，不再一一列举。

培训课程统计表（2010—2016年）

培训类别	培训类型	培训内容	培训频次	讲师/讲师团队	培训次数	参训人员
公司内训	新员工培训	公司简介/企业文化/新人须知等	每2月1次	人力资源	36	新入职员工
	学习会	内部哲学学习+读书分享	每2周1次	各部门轮流组织	56	公司全体员工
	全员开年培训	团队拓展+专业技能	每年1次	企业文化	5	公司全体员工
	TOC商品培训	商品知识、数据分析知识	不定期	产品中心	2	产品中心全员
	研发供应链顾问	技术/流程等	持续2年	顾问老师	—	研发/供应链员工
	熔炼	营销终端团队心性打造	每年1次	营销中心	3	营销中心全员
	工作坊	战略/薪酬/文化等	不定期	总裁办/默邦团队	7	公司经营层
	总裁班	战略与管理	每年1次	总裁办	3	公司核心经营层及三级合伙人
	创客	创业与创新	每年1次	总裁办	3	公司核心经营层及三级合伙人
企业内部商学院	零售特训营	店长零售愿力与能力	不定期	默邦公司	1	最强店长入围选手
	管理特训营	管理者定位与技能	不定期	默邦公司	1	最强店长入围选手
	百日突破	零售实战PK	不定期	默邦公司/最强店长	1	报名参加
	企业文化工作坊	企业文化、价值观	不定期	默邦公司/人资部	4	全员

续表

培训类别	培训类型	培训内容	培训频次	讲师/讲师团队	培训次数	参训人员
公司外训——稻盛哲学	稻盛和夫世界报告大会	优秀塾生企业家的践行发表及塾长点评	每年1次	盛和塾	6	公司核心经营层
	六项精进	稻盛哲学六项精进的体验式培训	每年1～2次	盛和塾	5	公司中层管理级及以上员工
	每月盛和塾学习会	经营哲学的落地/阿米巴经营/会计七原则等	每月1次	盛和塾	21	公司塾生/经营层/财务人员
	小组学习会	稻盛哲学学习及实践分享	每月2次	盛和塾学习小组	30	公司塾生及经营层
公司外训——财务/管理	YTT利润决策特训营	建立企业管理报表,控制日常的运营管理,让每个部门都能为利润服务	不定期	YTT课程	5	公司经营层及财务人员
	YTT利润管控预算/利润系统	公司预算的解决方案	不定期	YTT课程	4	公司经营层及财务人员
公司外训——股权/资本	股权/资本	翟耘峰资本战略,经邦资本,唐骏资本,盛景网联	不定期		4	总裁办

小世界，大梦想

成就事业的关键，比才能和能力更为重要的是当事人的热情、激情和执着。要如同甲鱼一般，一旦咬住就决不松口。当你认为不行了的时候，正是工作的真正开始。

如果拥有强烈的热情和激情，那么，不管是睡着还是醒着，从早到晚，整天都会冥思苦想。这样一来，愿望就会渗透到潜意识，在不知不觉中朝着实现这个愿望的方向前进，使我们走向成功。

要想成就辉煌的事业，必须有燃烧般的激情和热情，坚韧不拔，奋斗到底，不成功决不罢休。

（摘自《京瓷哲学：人生与经营的原点》，东方出版社）

【企业由原来的管控制、指标的层层下发，转变为以客户为中心，终端成为满足客户需求的最根本的阵地。员工变成了企业的主人，管理者由控制者变成了教练和顾问。“青青达人秀”真正把公司与员工之间的雇佣关系变为合作关系。“最强店长”项目整合了员工招聘、员工培训、员工发掘、合伙人机制，覆盖了“选、用、育、留”各个模块。】

当年稻盛先生因为业务发展无法分身，受孙悟空拔根毫毛就可以变出一个自己的启发创建了阿米巴。受塾长影响，视“成就人”为企业存在的价值和意义，选拔人才、培养人才是核心重点工作，为此集团推行了终端店铺级、分/子公司级与高管级三级合伙人制，使员工在经营上真正成为企业的主人。

企业最重要的资产是人，企业管理的要义就是激发和释放人的善意。随着各板块直营店铺日益增多，终端店铺员工近千人，以“85后”“90后”为主。如何去激发他们的善意？如何以公司、店铺的利益为中心？如何能够善待顾客？如何自觉学习、专业度提升、满足新开店人才需求？这是一个困扰已久的问题。

如果想做一个传达善意的企业，让每一个用户感受到用心，要善待员工，提升他们的能力和心智，他们才有可能去善待产品，善待用户。如果把员工看作赚钱的工具，跟设备和厂房一样，没有投入真心和情感，员工在工作中也不会真心投入，产品和服务就不会有温度。

今天用户的体验和感受取决了企业的成败，这给组织和管理带来了很多新的挑战。而员工是企业的第一个用户，公司的战略、目标、思想要靠员工去实现，以员工为中心的思维也是用户思维。想法改变了，做法自然随之而改变。

青青服饰是以零售为主的企业，一直尝试很多种方法提升员工的能力，调动员工的积极性。启动零底薪极大地拉开收入差距，效果很好；店铺承包让一些有能力的店长作为经营者负责经营整个店铺，也取得了非常好的业绩。但是人力资源部招不到合适的人，好的人才都被别人高薪挖走了，终端的零售人员也留不住。这让管理层很苦恼，一直苦苦思索更好的解决方案。

直到有一天，王有川和太太蒋永青看到《中国好声音》，不禁眼前一亮，这正是他们一直在找的模式啊！从年轻人愿意参与体验、愿意 PK、愿意争取展示自己的机会这些特点中得到启示，可以让大量的终端人员通过 PK、比赛，学习终端零售知识。而学习能力强、工作能力强的员工就会被发现，在决赛的舞台上去展现自己，这样就可以大量培养人才，加上好机制，来留住人才。

2013 年，服装行业第一个大型人才选拔比赛，终端店铺竞技平台“青青达人秀”应运而生。通过层层竞赛和选拔，让所有参与的店铺一线员工充分历练、成长自己，胜出者最终成为公司未来的合作伙伴，对内打通员工晋升及发展通道，对外则面向服装界所有销售人员进行展示，广泛吸纳外部优秀资源。他们管理的店铺都是年销售过千万元的大店，在经营上发挥重要作用。此项目获得商界的奥斯卡奖——“《商业评论》第十届管理行动优秀奖”。

北方零售经理才华担任前三届“青青达人秀”组织工作，目睹通过“达人秀”新生代孵化平台，涌现出一批批优秀零售骨干。他在 2003 年加入青青服饰，从导购、店长、督导、主管，直到现在的经理。

“青青达人秀”创造一批优异的店铺合伙人，真正让员工从打工者的心态、思维方式转变成创业者的思维和能力。从为工作而去做，转变为为自己的事业而主动去做。从内心的想法转变，好过于外在环境的熏陶转变。

合伙人店经理会通过每月经营报表、销售评估、商品贡献、竞品经营情况、卖场布局贡献等多方面数据去分析问题，去思考店铺经营方向，以经营结果为导向做营销计划，以经营者的姿态经营店铺，并非以销售任务为导向的作业模式。让员工知道为什么自己经营的店铺能赚钱，为什么会赔钱，赔钱在哪里，如何去转变，如何调整控制截流和提升方法，以更好地开展工作。在日常费用控制上也会做到目标明确，做到用最小的资源创造最大的价值，作为店铺经营第一责任人将梳理做好这样的角色转化。公司提供平台，完全放权给店铺合伙人经营者，充分让合伙人展现自己的能力和无限的可能。店经理最贴近消费者，通过日常店铺经营数据和消费者反馈，对经营的细节及时调整，做到了业绩提升，对店铺费用控制意识加强，让店铺纯利润提升，很多意识和行为的改变使店铺经营结果也得以转变。

零售支持中心总监袁志芬加入集团一年多，面试时被王有川的睿智深深吸引了。当王有川问到她："你有那么多年的零售经验，都是碎片化的，你想不想把它变得系统化？"袁志芬想都没想就说，想。

唯有"成就人"才是基业长青的根本，在知识经济来临的时代，从诸多优秀的企业案例中得到启发，一直在深度思考，知识管理和在线学习如何运用到企业经营中去，让知识管理推动员工组织能力的提升，将知识转化为稳定有效的行动。

服装行业普遍存在的问题：直营老是经营不佳，总是做不过加盟，直营店的成绩经常比加盟店的差好大一截；总是强调执行力，却收效甚微。对员工进行了大量的培训，已经采取了各方面的措施来提高他们的执行力，却发现效果没有显著的变化。人资数据显示，每年人员流动率为30%，甚至更高，好的人才总是培训完就被高薪挖走，终端的零售人员培训没有效果，也留不住。每年都有一定的开店指标，需要招聘大批的店长，但是很难招到合适的人，往往是找到谁就让谁来做，导致店铺管理者水平参差不齐，影响店铺业绩。

依“成果在外部”的观念，业绩不好就从管理上面着手，管理层总是在出现问题的时候讨论：是不是因为集团的定位不准确？是不是开店的地址选址不够好，不够慎重？是不是要增加零售管理人员的专业度？是不是要规范营销的动作，使其更加标准化？专业的培训讲师来对企业员工进行培训，又发现传统的培训讲师都是讲一些理论性的销售知识，很专业，但是实例较少。而店长接受层次略低，需要的是实际工作中遇到问题的解决方法，所以这样的培训收获并不是很大。

经过了很长时间的尝试和反复实验，发现但凡从上往下输送的知识与技能都很难被转化，很难落地到员工的行为动作中。对于一家传统得不能再传统的服装企业来说，知识库会是什么样的，怎么来做知识库呢？经过长时间的研究和观察发现，一切组织的问题都是人的问题。

每家企业根据管理需要由上而下制定的机制都有标准流程、手册、制度等，像是一本“纲常”和“法纪”，让员工感知到的更多的是什么该做，什么不该做。连锁店运营更希望激发每一家店铺每一个团队的愿力，发挥他们的能量，为店铺、为整个企业带来源源不断的动力与生机。

这里与众不同的做法是，坚定地相信智慧在民间，一线员工工作中遇到的问题最好的解决方案一定是来自一线真正实操的人员，而不是专家。“终端运营指南”项目，最大的创意是定位成“一线员工问题解决题库”，采取由下而上的方法，在工作中遇到的任何问题都可以在指南里面找到答案。

具体的做法也很生动有趣。在企业内部找来不同层级岗位的代表，形成指南项目小组，召开不同人群的工作坊会议，通过不同的角度穷举终端知识、技能及案例，罗列了成百上千条问题，每一天都会在问题库和答案库里发现惊喜，越来越丰富的知识库在一步步完善。

问答式针对实操问题，当员工遇到难题的时候就能帮到他。当他有了比指南中更好的答案的时候，就可以修订迭代指南；当他发现某个问题在题库里找不到答案的时候，便增加一条新的问题和答案。“终端运营指南”越来越厚，拥有越来越多的知识点和案例分享，这样的知识库在系统内共享，帮助每一个需要的人。

在建立“活指南”机制过程中，企业完成了内部知识库的建立，梳理了内部知识系统，完成了知识积累的过程。将很多隐形知识显性化，把通常“我不知道我知道”的知识系统进行一定的梳理和积累。通过这个梳理的过程，让参与进来的人，掌握了好的工作方法、获得了系统知识，有了成就感，对自身工作的提升起到很大的作用。

指南的知识库系统非常庞大，怎么能将这些知识和技能变成一线员工普遍的综合能力呢？想要让大部分的员工掌握，这又是一个非常大的课题。在信息爆炸的今天，知识的给予者更要考虑这个问题。如今绝大多数行业的讲座、干货分享都是属于“给予启发”，是知识的第一个层次。第二个层次是体系化知识，即“构建一套健全的知识理论体系、逻辑或工作方法”。第三个层次是“提升具体能力”，即实实在在的对某项技能的提升，要达到这个层次必须落地，目前行业内只有少部分课程能做到。

“活指南”正在尝试走这条路。既然要培养能力，就必须加入实践练习和教学服务，经由反复多次的训练、刻意练习获得成果，终端实行的“标杆复制”属于这个层次，成果也非常显著。“最强店长”课程工作坊，颠覆传统培训的知识结构化，讲课专业化的惯例，站在用户立场，坚持以实践案例为标杆，知识碎片化，“谁的经验谁授课”的众创、共享模式，强调知识实时更新，来自现场，用于现场。

为了实现远程全员化学习落地，将这本解决问答的指南开发成线上远程考试题库，传统的考试枯燥无味，巧妙地运用了驾校考试方式，通过远程软件平台，开展了一场生动有趣的全国共同学习、共同考试、共同进步的活动。通过在线考试，答案全部来自这本《指南》，形成了学指南的热潮，因为题库是滚动的，很多人多次答题，多次得到高分。通过答题，掌握了诸多以前不知道的专业术语、模糊不清的概念等知识技能，马上能运用到工作中去，很快地加深了记忆。

通过远程考试，有三百多人超过 90 分，其中 143 人获得满分。这批学员是集团一线的佼佼者，为他们定制开发了线下体验课程：“特训营” + “百日突破”。特训营以“唤醒梦想—明确目标—降落伞（落实为行动策略）—坚定信念”等几个环节环环相扣的参与式、互动式训练，一改传统培训的授课为主，通过大量的互动参与，将“让我做”变成“我要做”的过程。

落地的、考察实操的“百日突破”大行动中，遍布全国有 225 家店铺参加这场历时 100 天的销售大战：能力是自己的，命运是自己的，要善待每天的工作，思考通过工作能带给顾客什么。比如在新想象的片断品牌，我们可以让顾客更美丽，生活得更快乐，弘扬正能量，传播品牌的温度和生活方式“轻享自在，幸福由心”。唯有在观念一致、价值观统一的前提下，遍布全国各地的伙伴们才能一同坚定不移地做下去。参与的店铺销售额同期增长比超过了40%！

激动人心的最强店长总决赛在杭州举行，350名加盟商、店长、上下游伙伴观摩了比赛，比赛分为“脱颖而出（无小组讨论）、沙盘决胜（订补数字沙盘）、超越梦想（个人演讲）”三个环节，以总评分角出十强。重要的不是比赛，重要的是这是一场面对全国的，零售技能和企业文化的培训。

那么什么样的店长才是“最强店长”？立足于终端痛点。店长是真正听到炮声的人，应该让他们来指挥战斗。不过他们需要平台的支持，还需要在能力和装备上大幅提升。在传统企业的销售同时面临线上线下的市场竞争，且在销售环境不好的大趋势下，考虑到平台、数据、物流、运营等多方面因素，想要存活下去，传统企业向扁平化组织的方向发展已是大势所趋，为了顺应转型的趋势，组织的功能必然从内部有效整合、优化管理效率向激发愿力、聚合创智力的方向演化。

最初“最强店长”的定位是一个提高零售能力的工具。主要是零售知识和经验的共享，通过做好业务拿到更多工资奖金让小人物去实现梦想，但经验共享一定不是全部，它的比例其实很小。我们知道一个人想要成功，有两种力量：一种叫愿力，一种叫能力。愿力是强大的愿望与信念的推动力量，然后才是链接资源进行转换的能力。

在“最强店长”整个赛事过程中，有一个非常重要的伙伴，那就是默邦，一直陪伴着这个项目的成长，帮助和成就着这样一群人。默邦为新想象设计的特训营课程，秉承着重要的核心理念：持续成果 = 意愿 × 目标 × 方法 × 行动 × 信念。

默邦在课程设计之前，通过微信电话远程会议、面对面会议等多种方式深入调研，诊断问题，精确找到业绩提升障碍点。深入了解门店盈利模式，梳理门店业绩提升的关键指标。在调研过程中，针对标杆经验进行深度挖掘，确定企业内部有可复制的成功经验，准确给出突破业绩目标的解决方案。针对学员认知和技能层面进行深入调研，确定项目中如何调整学员认知，项目后学员能够在哪个或哪几个行为上做出改变，通过改变认知来改变行为。

课程通过感性打通意愿，通过理性解决问题，确定提升业绩的关键指标，根据指标梳理应对策略，一直到具体怎么操作简单可执行的动作上，让每一个学员回到自己的终端店铺就能实地执行。培训的内容随着管理手段落地，渗入每个终端店铺，在随后的一百天销售大比拼中，让整个企业的管理通过这场培训大大提高了效能。感性与理性相结合的方式，让每一个参加的学员由“要我干”转变成“我要干”，最终实现业绩同比增长 40% 的好成绩。

“最强店长”成为凝聚企业终端人心的焦点，让员工值得自豪，也值得期待。持续学习，成为标杆，走上总决赛的舞台，成为明星，成为合伙人，为普通员工铺设了一条“星光大道”。颠覆传统人力资源的管控思维，变为开放式组织的激发思维。

“最强店长”项目是在新形势下连锁业的终端人资解决方案，

其应该具备以下要素：经营者需要改变观念，“人是目的，不是工具”（张瑞敏语），组织的目的是“激发人的善意”“让平凡的人，做出不平凡的事”（德鲁克语）；建立开放的文化，而非管控的文化，让终端成为决策者，让创新从最底层开始，而原来的高层决策者变成支持者、激励者、教练；创新人资模式，传统的选用预留、晋升通道、KPI 已经不适合“90 后”员工，他们要的是好玩、刺激、参与……所以，共创共享、互联网化、娱乐化、IP 化等互联网思维和工具需要武装 HR 和培训部门。

“最强店长”2017 年首次走出集团，将建设成为一个开放式的“零售经验共享”的平台。免费将“零售培训赋能”导入服务，包括知识梳理及标准化，标杆找寻和标杆课程制作，终端赋能企业服务号建设，企业内训系统建设辅导，相关培训及赛事策划及辅导等，将为中国零售企业培养优秀的店长找出一条新路。

王有川在员工成长层面的经营心得

1. 要明确企业和人生的目的和意义

稻盛哲学对我和企业的帮助是巨大的，我从2012年接触稻盛哲学，然后我带领几位企业高管加入盛和塾，企业能否变革或转型成功，我认为和企业家的心性有着必然的联系。在盛和塾当中，我们看到听到很多这样的故事，有的企业家虽拥有万贯家财，每日灯红酒绿，但觉得与生活在“地狱”中无异。但当他一转念，明白工作与生活的意义，是为了员工幸福，甚至全人类的利益，便会立刻焕发巨大的能量，生活状态也发生改变，拒绝牌友、酒友和奢靡的生活，开始专注工作和学习。因他的转变，周边一切都开始转变，家庭更加幸福，企业的经营也开始迈上新台阶。

稻盛和夫先生所提出的人生成功方程式是：一个人的成功 = 思维方式 × 能力 × 努力。“人生即是一场修炼，目的是在谢幕之时能比开幕之初更加高尚一点”，“六项精进”的自我修行方式等，稻盛哲学和盛和塾组织为迷茫中的企业家点亮了一盏明灯。稻盛哲学使我经营企业的动机更加纯粹，使企业的人心及环境得以改善，使员工了解到工作的意义，进而改善人际关系，使工作的过程更加愉悦，企业经营的成果也越来越好。

2. 要从一开始就关注员工的成长

张瑞敏在讲述企业家人生的意义时讲道："人生目的就是为了人，通过人实现人，最终目标是人的自由发展、自我约束、自我成长，人个性的张扬和价值实现的无边界。"海尔强调的经营理念"人是目的，不是工具"与松下所提出的"我们生产的不是电器而是人才"，与德鲁克所提出的"管理的本质，其实就是激发和释放每一个人的善意。管理者要做的是激发和释放人本身固有的潜能，创造价值，为他人谋福祉"，都告诉了管理者关注点要在哪里，就是在"人"身上。

实际上经营管理者关注的常常仅是产品、是销售、是数字，归根结底是钱，员工只是赚钱工具，这种钓鱼式的管理，薪资就是鱼饵，如果不能让员工满足，他们必然会离企业而去，去找到给钱更多的人。而好的管理是园丁式的管理，要经营企业的环境，要用心栽培灌溉花园里的花草，做到"只问耕耘，不问收获"，去率先垂范，去深入一线，关注员工的思想和能力的成长，及时地给予纠正和培养，这样持之以恒，"但勤耕耘，必有收获"，不经意间，会看见满园的姹紫嫣红。

在员工成长方面，我有一个特别有效的方法，就是"读书会"，我会组织员工一起读书，开始都是我选书，慢慢地大家选书，各自分头读并准备 PPT 进行公开的分享，这样如果每周读一本，所有参会的人一年都可以读到 50 本书，视野开阔了，思维就跟上去了，同时还练习了演讲和表达能力，一举多得。如果员工分散，也可以搬到线上，大家一同读书打卡，分享心得体会，很容易达到团队的思想一致。

3. 在成长方面花的时间和金钱是值得的

有人问过我这个问题，你们一年那么多会议，那么多培训，多耽误工作啊?

我的经验是“磨刀不误砍柴工”，其实天天逼他们满负荷工作才是效率最低的，因为扼杀了创造力，即使最简单重复的工作，都有创新和提升的机会，如果企业中没有学习和创新文化，整个企业容易陷入低水平复制的洼地；因为没有创造力，随着经验和知识的老化，不管曾经多么先进，都会变得食古不化，与这个时代脱节，曾经的优势很快变成劣势。要知道企业的能力就是员工能力的总和，员工能力衰减，企业怎么可能得到发展?如果老的员工能力衰退，而通过引进新的“能力”来补充，可能比搞企业内训要付出更大的成本，而且新人进来后会有文化冲突、经验磨合，还会带来更多的消耗，并不一定能够达到预期。所以在员工成长上所花的时间和金钱是值得的，企业应该形成人才梯队，有老的团队，通过培训与考核不断提升，也有空降人才、管培生补充血液，形成动态的平衡。

我的经验，领导人是最好的培训师，企业最大的成本就是统一思想，所以领导人就要站台，不断地讲你的愿景与价值观，不断地在企业中宣讲商业计划、战略，与干部们一起演练，做行动计划，做预算。如果企业的愿景与价值观员工不够认同，如果商业计划和战略员工不够清晰，如果员工没有参与到计划和预算中来，那么他们的心态是抵触的，工作是被动的，不可能形成协力，往往造成老板或少数人在发力，整个团队停滞不前的情况。领导人还要作为学习和创新的推进器，只有领导人率先垂范，做学习和创新的急先锋，这种文化才能得以渲染，一旦成为企业的文化，企业就会有源源不断的动力。领导人还要抓出机会在企业外宣讲，这是得到关键资源，扩大企业影响力，增加招商机会的关键一环，企业家就是企业的超级推销员，要抓住一切机会，宣传企业的愿景、战略和计划。

4. 要有目的地去构建企业文化

多数企业家和管理者都只愿意花精力在如何做事的“术”上，而少有关注到做事业的目的和意义这样的“道”上，这是价值观教育缺失的遗憾。企业文化来自企业家的心性，转换为企业经营的愿景与价值观，是全体成员的共同信念，是企业发展的根基，但如果信念缺失，正如一棵根扎得不够深的树木一样，即使看起来枝繁叶茂却经不起风雨。

构建企业文化不是“口号上墙”这样一蹴而就，更不是自欺欺人的运动，每个企业家一定有其精神世界，一定有崇高的动机，要通过系统的方法把它提炼出来，并解释成愿景、使命、价值观、行为准则这样一系列的可以共享的精神财富，然后与人资系统和培训系统结合，经过长期的宣导和沉淀，才可以变成企业全员共享的精神财富，这些无形的资产，在我看来，比企业的设备、资产、业务要值钱得多，因为人心在，即使那些有形的都灭失了，我们还是可以把它重建起来。

企业文化在不知道从何处入手的情况下，可以拄拐棍，通过追随和学习已经成熟的经营哲学，比如稻盛哲学——经过时代和地域的验证，它是行得通的，不妨作为企业家提升心性、拓展经营的一个好的开始。

路在何方？无限可能

在工作中能够实现新目标的人，是那些相信自己可能性的人。仅以现有的能力判断“行或不行”，就不可能挑战新事物，不可能完成困难的工作。人的能力通过持续努力，可以无限扩展。

想做某件事情的时候，首先要相信“人的能力是无限的”，抱着“无论如何必须成功”的强烈愿望，持续不断地付出努力。从零开始的京瓷，成为世界一流的厂商，就有力地证明了这一点。

始终相信自己拥有无限的可能性，鼓足勇气，发起挑战，这种精神非常可贵。

（摘自《京瓷哲学：人生与经营的原点》，东方出版社）

【很多中小微企业面临的诸多问题，诸如：不知道怎么建系统？在关键的时候怎么决策，如何去决策？怎么做渠道开发？怎么以客户为中心？怎么解决质量问题？怎么做信息化？本书所提供的案例具有典型性，不管从哲学还是实学角度来讲，对于中小企业都有借鉴作用。】

初次接到采访任务，并不知道片断女装是什么样子，甚至对于稻盛哲学也只是听说过，没有系统地读过《活法》《心法》《稻盛和夫的实学：经营与会计》等经典著作。让我受益最深的是东方出版社出版的《京瓷哲学：人生与经营的原点》，这是一部首度解读稻盛和夫从未公开的京瓷秘籍，是上述经典的原点。

2016 年十一前夕，我陪同东方出版社的姜云松老师第一次见到精干、一脸和善的片断 CEO 张书颜。在片断新开的一个商场的楼上茶室第一次见到片断董事长王有川，他话锋机敏，博学审慎，谈古论今，说到片断的发展，更多地是说到其他的人，几乎没有说到自己。与随后在他生日微信书一起联系起来，渐渐有了一个比较模糊的印象。随着采访的深度展开，我之前的认识渐渐清晰。随后，他向我推荐了一部囊括众多经营管理与营销的经典书籍，并且分享了他的一些读书心得。

在采访与写作过程中，王有川先生所倡导的开源与迭代思维，让我受益匪浅。以前我对于写作的理解，觉得越是个人的越有价值。而面对今天中国难以想象的进步时代，飞速发展的历史阶段，靠已有创作经验与书本常识，已经无法驾驭现实题材的创作。企业家的知识结构与知识更新速度，已经远远超出常识的理解水平，如果仅凭借着道听途说的臆测，势必会曲解奋斗者崭新的风貌。拆掉创作者与创造者的思维之墙，能更好地熟知今天的企业家生存的环境，才能更好地为营造一个良好的舆论环境尽一份绵薄之力。

年轻一代的企业家，没有经历过商品极度匮乏的时期与野蛮疯长造成的空心化。他们在创业中，面临的竞争环境已经不是为博眼球的所谓丛林法则，也不是想象中的灯红酒绿。他们对于生命绽放的不懈追求，已经成为一种生活方式。这也许是未来小康年代所应有的图景。可惜的是，还生活在既往的梦幻中臆测现实的写作，单凭想象、架空、穿越，无法理解，也无法编织伟大而神圣的现实生活，闭门造车的写作必然被时代的洪流终结。

我们生活在一个幸运的时代，中国现实生活所提供的舞台足够个人发挥无限潜质与聪明才智，当然未来还会更好，但是更好是需要我们去努力营造的，正像是干净的空气、清洁的水，我们不能以寿命有限坐等千百万年自然的净化。

当我们漫步街上，看见做工讲究、质地良好、设计新潮的服装，以超低的价格在甩卖，其实很少有人知道，他们的利润已经被压缩到没有爆款就很难赚到钱的地步。作为一般消费者，我们不知道有多少人在努力，从设计、选料、排版、制作、运输、铺货、销货等一系列的工作，一件看似平常的衣服要经过多少人、多少道程序，才能抵达我们手中！这就是他们的生活，其节奏之快，变化之迅捷，已经超出了我们的想象。走进火热的生活，去感受、去聆听、去抚摸真正有温度的产品，唯有以心换心，以彼此的赤子的情怀温暖自己也温暖世界。

现在是到了弘扬优秀企业家精神的时候了，他们对于中国人的影响已经从物质与精神层面渗透到社会的各个层次，各个角落，影响着众多的人，众多的家庭。他们的困境也是我们的困境，他们的欣慰也是我们的欣慰。他们身上焕发出的生命的张力，那种不服输、敢为天下先的豪迈，正是唤起我们巨大创造力的动力之源。从贫困走向富裕，我们期盼物质与精神的幸福，解决的途径自然千差万别，但是使用的工具与落地的方案是相通的，可资借鉴的。

采访片断员工一个最大的感触是，他们对于自己的入职时间与工作的转折点，都能精确到某年某月某日，而且几乎对于初次面试时的场景和说过的话，总是记忆犹新。

很多人回想叙述过去走过的路，过去帮助自己的人，经历过的事时，都会情不自禁地热泪盈眶，甚至是潸然泪下，几度哽咽，以致无法讲述。刻骨铭心的成长经历，让这些人有了更深的不一样的体会。感恩的心，随着热泪肆意奔涌，让我也为之动容，无法再置身事外，一探究竟的决心，渐渐扎根。

青青服饰成长靠大势，片断女装成长靠经营，新想象集团成长靠文化。这样的概括虽说不十分确切，但是对于我们认识这个企业，认识这群人，提供了一个线索。每一圈年轮，每一次成长，每一次迭代，都经历了无数次的艰难选择，也许这就是企业家的宿命——选择，承担责任，从失败中站起，从胜利走向新的起点！

5 年时间，王有川带领片断人从负二层出发，经过极其艰辛的砍工厂、砍省代、去库存等动作，找到了企业生存与发展的命门，找准了方向，有了正确的方法，有了坚定的执行者，一切才皆有可能。正是无限的可能性，使得我们今天能够看到这样一群人，做了这样一件事，成就了一大批在都市打拼的青年人。通过之前“青青达人秀”项目，和现在的“最强店长”项目，一批具有优秀潜质的经营人才与青年企业家，破土而生，茁壮成长。

这个群体在工作中为自己的小小成功感到欣喜，“抱有一颗善被感动的心，要诚挚地对待生活。把感动带来的能量当作动力，更加努力地工作”（稻盛先生语）！在知识共享和学习型组织建设上，更加系统化、更加开放、更加高效，势所必然。在知识转化上，更加开放、更加扁平、更加共享化、更加互动化，理所必然。

他们找到并且力行了一个企业克敌制胜的法宝："道义上不失理，战略上不失策，指挥上不失误，用人上不失当，组织上不失和。"他们做事有激情，经营有方法，产品有温度，"提供充满爱心的产品以及真诚的服务，以相互间怀有感恩戴德之心，坦诚相见，心心相连，互相信任，互相帮助"。

他们通过自身的努力与实践，再一次证明："决定经济向前发展的并不是财富500强，他们只决定媒体、报纸、电视的头条，真正在GDP中占比最大的还是那些名不见经传的创新的中小企业；真正推动社会进步的也不是少数几个明星式的CEO，而是更多默默工作着的人，这些人也同样是名不见经传，甚至文化程度、教育背景都不高，这些人中有经理人、企业家，还有创业者。"（德鲁克语）

厚于德，诚于信，敏于行，匠于心。企业从平凡到优秀，必须有一位优秀的领导，因为事业的发展取决于领导的资质。对照稻盛和夫先生关于"领导的资质与思考方式"给出的标准，我在企业家王有川身上找到了某种对应，读者可以通过阅读本书得到合情合理的印证：必须拥有明确的目标，必须坚信目标能够实现，必须将实现目标的方式传递给部下，必须为部下制定明确的目标，必须让部下认为一定要实现目标。

在本书创作过程中，得到王有川、张书颜等真诚付出，他们以坦诚的心，对待书中的每一个细节、每一个理念、每一个名词、每一个事例，不厌其烦地再三核实，正像他们在一个新市场上筹办一家新店。更加值得欣慰的是，在学习与实践稻盛哲学与经营实学的道路上，终于有了一个“最小呈现”——《出路》。

愿这部书能对正在创业或转型的中小企业家与管理者有所启迪！

跋　时代的英雄

申莉

片断董事长王有川、蒋永青夫妇是我多年的朋友。从为片断定制“最强店长”的线上线下系列培训，到核心价值观的提炼和企业文化建设，上海默邦和片断有五年多的深度合作，书中的很多故事是我们共同的故事，我与书中的很多人物有过很多的交往，尤其是和有川——从他接手片断开始，见证了片断各个阶段的发展过程，也见证了作为片断董事长王有川的心路历程。

说实话，在这个时期做企业不容易，因为商业环境变了，每家企业面临的竞争都比以往要激烈得多；在这个时期做服装企业尤为不易，因为服装行业的拐点来临，高速发展的时期过去了；这还没完，时代变了，互联网的冲击，服装企业首当其冲。片断就是在这种情形下发展起来的。

我想，看完这本书，企业家读者大概可以有这样一个结论，那就是，片断有出路，我们也会有出路，王有川可以，我们也可以。

企业家的信念是企业经营中最宝贵的财富。

除了信念，看完这本书还能得到什么？我想是对成因的探究和对选择的思考。每个企业都是独特的，没有人知道创造一个成功企业的充分条件，也没有一个“创业成功定律”可被简单地遵循，因为在企业经营的过程中，有太多的不确定性需要企业家面对，有太多的内外因素会影响到经营的结果，这是创业艰难的主要原因。

这本书让我们看到了片断团队的各种选择，值得我们思考的是为什么他们会做出这样的选择。

在片断五周年回顾聚会上，片断的伙伴们一个一个分享过去五年自己的成长和变化，十几个人抢着说，从早晨一直说到后半夜，还有话没有说完，总结的时候，有川流泪了，“如果是为了我自己，估计早就放弃了，你们才是我坚持到今天的原因”。

2016年“最强店长”的决赛在“星光大道演播厅”进行，我到了现场的时候中午刚过，看到几十个进入决赛的店长，穿着靓丽的礼服站成一排等待入场，北京3月的阳光照在她们脸上，每个人都洋溢出发自内心的自豪，这是这个群体的节日。片断选择用这样一种方式督促自己的进步，展示自己的风采。

这本书呈现了片断团队的一次次选择，如果你看得足够深入和仔细，你一定会发现，各种选择始终围绕着两个不变的轴心：创造价值和提高效能。创造价值是一个企业有必要存在的根本理由；提高效能则是一个企业得以存续的核心关键。书中所写的每一项变革、重建、迭代，都在围绕着这两个轴心展开，其中，代表着品牌战略的片断定位、体现出片断营销战略的定价模式，以及以稻盛哲学和阿米巴经营为基础的组织创新是片断最终走出自己的道路的关键。而王有川本人和片断团队的每一个成员也在寻找出路的过程中实现了自我的完善，找到了生命的意义。

不管创业多么艰难，总有一批一批的创业者走上了这条道路。无论是要证明自己生命的价值，还是去感受创业过程中的巅峰体验，甚至无论成败，创业者都是这个民族和这个时代的英雄。

图书在版编目（CIP）数据

出路 / 任启发 著 . — 北京：东方出版社，2019.3
ISBN 978-7-5207-0517-2

Ⅰ. ①出…　Ⅱ. ①任…　Ⅲ. ①服装企业—企业改革—研究—上海　Ⅳ. ① F426.86

中国版本图书馆 CIP 数据核字（2018）第 174939 号

出路
（CHULU）

作　　者：任启发
责任编辑：贺　方　王　萌
出　　版：东方出版社
发　　行：人民东方出版传媒有限公司
地　　址：北京市东城区东四十条 113 号
邮　　编：100007
印　　刷：天津画中画印刷有限公司
版　　次：2019 年 3 月第 1 版
印　　次：2019 年 3 月第 1 次印刷
开　　本：880 毫米 ×1230 毫米　1/32
印　　张：7.5
字　　数：120 千字
书　　号：ISBN 978-7-5207-0517-2
定　　价：36.00 元
发行电话：（010）85924663　85924644　85924641